# Astrologie für Einsteiger

# Astrologie für Einsteiger

*Horoskope berechnen und deuten*

*Anleitung Schritt-für-Schritt*

Marian Bollen

IRIS
Bücher & mehr

*Sei zufrieden mit dem, was Du mitbekommen hast*
*und mach das Beste daraus.*

(Sir Robert Stephenson Baden-Powell)

Inhaltsangaben, aktuelle Informationen
zu unseren Titeln und Artikeln?

Besuchen Sie unsere virtuelle Bühne:

**http://www.irisbuch.com**

Die Originalausgabe erschien unter dem Titel *Astrologie voor Beginners* bei
Uitgeverij Schors, 1997, Amsterdam, Niederlande.


Übersetzung: Harald Jösten
Umschlaggestaltung: Studio Paul C. Pollmann
Satz: Bredt & Ipenburg vof, Amsterdam



ISBN 90 76274 67 3

# Inhalt

# Vorwort

Gegen Ende der 40er Jahre fiel mir ein Buch von H. Bunge[3,4*] in die Hände. Ich hielt es zunächst für ein Buch über Kosmographie, womit ich mich damals gerade intensiv beschäftigte. Es war preislich sehr günstig, second hand zwar, sah aber aus wie neu. Also kaufte ich es. So wurde nolens volens mein Interesse an der Astrologie geweckt. Bunge führte mich zu Johannes Vehlow[32]. Danach las ich Else Parker und vor allem die Werke von Elsbeth und Reinhold Ebertin[10,11]. Im Laufe der Jahre wurde mir stets bewußter, wie viele verschiedene astrologische Systeme und Ansätze es gibt. Trotzdem hatte ich den Ehrgeiz, alles, was ich fand, auch anzuwenden. Nur: das funktionierte nicht.

1978 begann ich schließlich bei Jack Chandu[7] Unterricht zu nehmen. Er lehrte mich, zurückhaltender und kritischer mit all den Daten umzugehen. Kaum ein Jahr später schubste er mich ins kalte Wasser und eh ich's mich versah, steckte ich mitten in den Alltagsgeschäften seiner Beratungs- und Seminarpraxis.

Meine bisherige musikalische Arbeit (Orchester und Stunden geben) geriet immer mehr ins Hintertreffen. Aufgrund sich verschlimmernder Hörstörungen kam mir das aber durchaus nicht ungelegen. Aus dem gleichen Grund verschoben sich meine astrologischen Aktivitäten auch mehr und mehr von der Beratung zum Unterricht. Dort wird nun einmal deutlicher gesprochen, als in der Beratung.

In den Jahren des Umherreisens von Stadt zu Stadt, wo ich vor allem in Volkshochschulen Astrologiekurse für Anfänger und Fortgeschritten abhielt, entwickelte ich meine spezielle Technik, den Unterricht aufzubauen. Ziemlich schnell wurde mir nämlich klar, daß viele Anfänger (so wie ich selbst früher auch) sich gleich auf dicke Handbücher und Kompendien stürzen und dann vor lauter Bäumen den Wald nicht mehr sehen.

In „Astrologie für Einsteiger“ versuche ich, die elementaren Grundlagen der Astrologie einfach und für jeden verständlich darzustellen. Das Buch folgt inhaltlich bewußt keiner bestimmten astrologischen Schule. Ich meine vielmehr, daß jeder seine persönliche Art des Umgangs mit Astrologie finden sollte. Dieses Buch richtet sich vor allem an Anfänger, die das fesselnde Thema Astrologie näher kennen lernen möchten, die wissen wollen, wie man ein Horoskop berechnet und aufstellt, und die lernen wollen, wie man Horoskope praktisch anwenden kann. Der Stoff ist deshalb übersichtlich Schritt-für-Schritt nachvollziehbar aufbereitet. Am Beispiel einiger ausgearbeiteter Horoskope werden Sie an die Grundlagen herangeführt.

Sicher werden Sie häufig auf astrologische Themen stoßen, die in diesem Buch nicht berücksichtigt wurden. Diese zu behandeln würde aber den Rahmen eines einführenden Grundlagenwerkes sprengen. Sie können natürlich später jederzeit ihr Wissen anhand der vielfältigen Spezialliteratur oder in Seminaren vertiefen und sich so weitere Informationen zugänglich machen, die sie selbst zu guten Ergebnissen führen. Die Hauptsache ist jedoch zunächst, daß Sie mit ein paar wichtigen, häufig gebrauchten Grundbegriffen vertraut werden. Damit haben Sie einen roten Faden in Händen, an dem Sie immer wieder anknüpfen können. Sie werden erleben, daß Astrologie ein wertvolles Hilfsmittel sein kann, Einsichten zu erlangen in das, was Sie und andere bewegt. Möge dieses Büchlein eine Anregung sein, den Einsteig zu finden.

*Marian Bollen*

# Einleitung

„Was ist Astrologie und wo kommt sie eigentlich her?“ Das sind meist die ersten Fragen, die gestellt werden, wenn das Thema Astrologie auf den Tisch kommt.
Viele gelehrte Bücher sind darüber geschrieben worden. Wir wollen einmal dahingestellt lassen, wo denn die astrologische Tradition nun tatsächlich erstmals schriftlich fixiert wurde: in Mesopotamien, in Ägypten oder sonst wo. In Mesopotamien etwa wurden im vorigen Jahrhundert bei archäologischen Ausgrabungen einige Jahrtausende alte Tontafeln gefunden, die eine alte astrologische Überlieferung dokumentieren. Doch die Astrologie ist viel, viel älter als die ältesten Überlieferungen, die wir darüber kennen.

Vor langer, langer Zeit fühlten sich die Menschen noch nicht als Individuen, vielmehr bildete der Stamm eine Ganzheit, so, wie es noch heute bei primitiven Völkern zu finden ist. Die Gruppe war alles, der Einzelne nichts. Der Mensch war noch eins mit der Natur. Die Einheit untereinander als Gruppe und die Einheit mit der Natur wurden als völlig selbstverständlich empfunden. Auch das Zusammenspiel von Planeten mit dem menschlichen Geist wurde durch eigenes Erleben erfahren. Dieses instinktive, natürliche Wissen verschwand, als der Mensch sich von der Natur und damit von seinen eigenen Wurzeln entfernte. Später dann mußten die Überlieferungen schriftlich festgehalten werden, damit sie nicht ganz verloren gingen. So entstanden unter anderem die oben genannten Tontafeln.

Die Astrologie wurde im Laufe der Zeit – schlimm genug – mehr und mehr zu einer Art Jahrmarktsvergnügen. Das Bedürfnis nach Sensationellem ließ (und läßt) Astrologen häufig Konzessionen an die Nachfrage des Publikums machen: der Astrologe liefert, was die Masse hören will. Und das, obwohl die Astrologie eine der feinfühligsten Ausdrucksformen der Einheit der Schöpfung sein kann!
Ein weiterer Punkt, der dem Ruf der Astrologie geschadet hat, ist das Bestreben vieler Astrologen, immer wieder Neues anzubieten. Eine Entdeckung ist schnell gemacht und schon stehen wir da mit der soundsovielten neuen Theorie. Bedauerlicherweise passen viele dieser Theorien in keiner Weise zueinander, ja sie widersprechen einander sogar.
Wie soll da ein Anfänger die Spreu vom Weizen unterscheiden? Es sind meist gerade diejenigen mit dem größten Interesse an der Sache, die sich all dieser

Widersprüche bewußt werden, darüber den Mut und den Weg aus den Augen verlieren.

Ich möchte versuchen, in diesem Buch, soweit nur irgend möglich, allein die allgemein anerkannte Tradition zu berücksichtigen. Wer mehr und andere Deutungsvarianten ausprobieren möchte, kann sich später noch damit auseinandersetzen. Vergessen Sie nicht, daß der Umgang mit Astrologie eine höchst persönliche Angelegenheit ist. Jeder richtet sein Augenmerk zunächst auf das, was sie oder ihn direkt anspricht. Auf diese Weise werden auch Sie die besten Resultate erzielen. Genau deshalb möchte ich Sie auch nicht an ein bestimmtes System „fesseln".

Bei der kritischen Betrachtung all der verwirrend widersprüchlichen Aussagen besteht jederzeit die Gefahr, daß man als Anfänger etwas wirklich Wichtiges übersieht. Jeder muß stets nach bestem Wissen und Gewissen und selbstverantwortlich seine Auswahl treffen. Wenn Sie erst ein wenig Übung haben, werden Sie merken, daß Sie bestimmte Sichtweisen fallen lassen und andere Deutungsmöglichkeiten in Ihr System einpassen werden. Nichts spricht dagegen. Seit Jahrhunderten tut man nichts anderes. Wichtig ist jedoch, daß Sie Ihr persönliche Wahl gut durchdacht und selbstverantwortlich getroffen haben. Ziel dieses Buches ist es, dem Einsteiger genau diese Auswahl zu erleichtern.

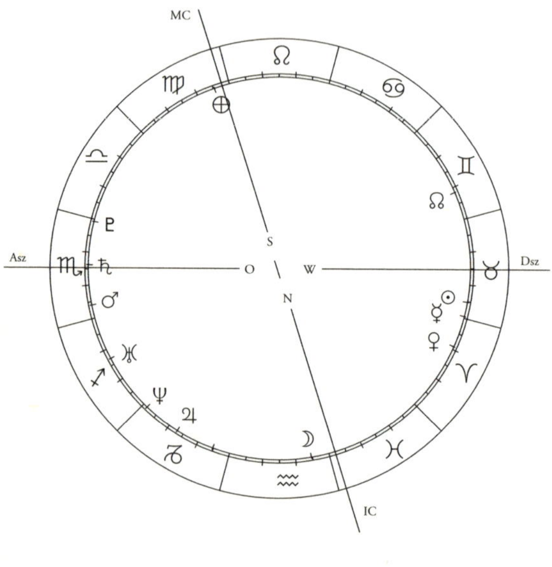

# 1. Was ist ein Horoskop?

Mit Hilfe dieses Buches lernen Sie ein Horoskop zu berechnen, zu zeichnen und zu deuten. Wir lassen dabei zunächst kleinere Details außer acht, die auf eine erste Interpretation keinen Einfluß haben. Wer mag, kann gerne alles bis zur x-ten Stelle hinter dem Komma durchrechnen. Und wer Theorien zur Untermauerung braucht, möge sich ein wenig gedulden.
Unten sehen Sie eine vereinfachte Horoskopzeichnung aus der Zeit, als ich die erste Version dieses Buches begann (*Berechnung des Geburtshoroskops,* 1984). Wir werden dieses Horoskop im folgenden immer wieder als Beispiel heranziehen.
Wenn Sie so ein Horoskop betrachten, erscheint es Ihnen sicher etwas rätselhaft und unverständlich. Betrachten Sie es einfach als eine Art Stadtplan. Darauf sehen Sie die Planeten in der Position stehen, die sie zur Bezugsperson oder zum Bezugsobjekt des Horoskops an einem bestimmten Zeitpunkt einnehmen.
Lenken Sie Ihren Blick nach Süden, zum *MC*, dem *medium coeli*. Das ist die *Himmelsmitte*, dort wo die Sonne um 12 Uhr mittags steht.
Links davon sehen Sie den *Aszendenten*, den Osten, wo morgens die Sonne aufgeht und wo im Laufe des Tages die *Planeten* erscheinen, jeder zu seiner Zeit.
In einem geographischen Atlas wird der Osten immer andersherum eingezeichnet. Das liegt daran, daß Landkarten genordet sind, d.h. der Norden immer am oberen Kartenrand liegt. Wir schauen dort also aus dem Süden in den Norden. Im Horoskop drehen wir uns um und schauen aus dem Norden in den Süden, Richtung Zug der Planeten.
Früher stiegen die Astrologen buchstäblich aufs Dach, um den Stand der Planeten festzustellen und zu notieren. Das allein war schon nicht ungefährlich. Doch sie hielten für ihre Arbeit noch in anderer Hinsicht im wahrsten Sinnes des Wortes den Kopf hin. Vor langer Zeit standen die Astrologen nämlich im Dienste der Regierenden. Wenn sie „schlechte" Arbeit ablieferten, liefen sie buchstäblich Gefahr, ihren Kopf zu verlieren.
Heute haben wir es da einfacher. Wir können die Planetenpositionen ganz einfach in den *Ephemeriden*[1,41] (Tabellen des täglichen Gestirnstandes) nachschlagen. Betrachten Sie die Horoskopzeichnung genauer. Sie werden verschiedene Symbole erkennen. Dahinter verbergen sich die Planeten und die *Tierkreiszeichen*. Vorläufig reicht es aus, die folgenden Zuordnungen zu kennen:

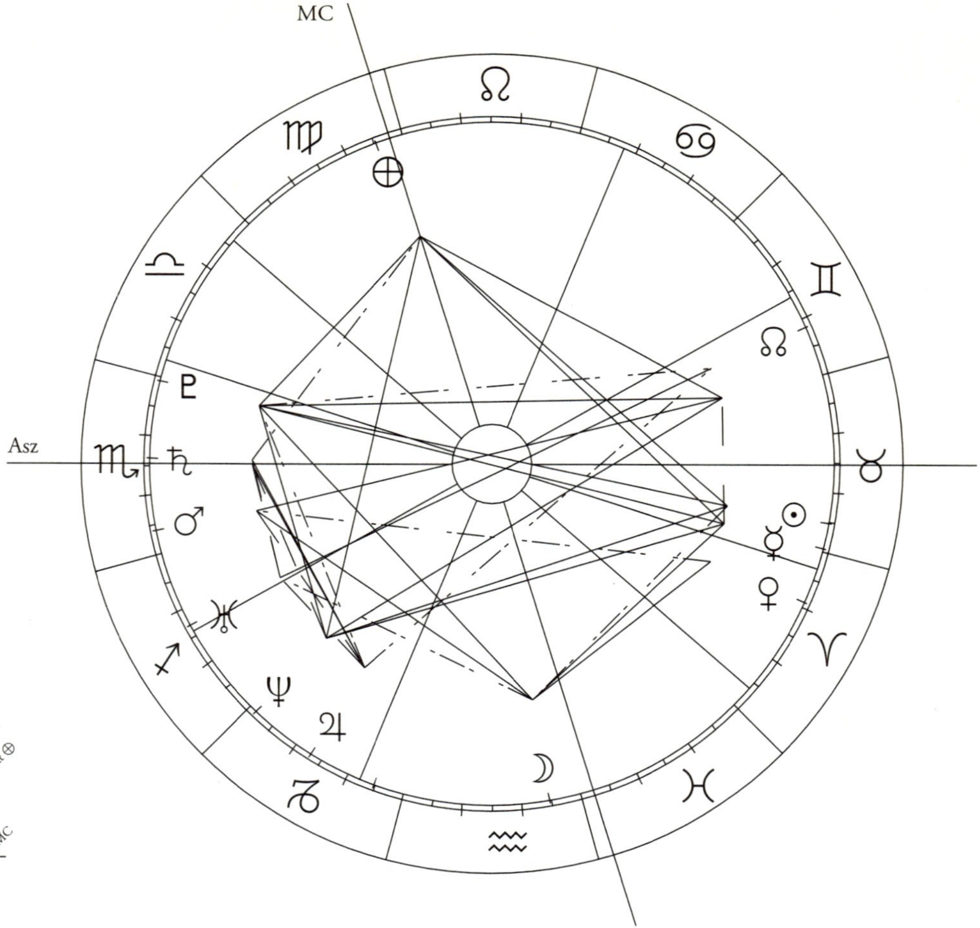


Beispielhoroskop
24-4-1984 19.47 GMT
Delft 52.01 NB 4.22 OL

Planeten

| | | | | |
|---|---|---|---|---|
| ☉ | Sonne | 4.48' | Stier | ♉ |
| ☽ | Mond | 24.43' | Wasserman | ♒ |
| ☿ | Merkur | 0.27' | Stier | ♉ |
| ♀ | Venus | 20.55' | Widder | ♈ |
| ♂ | Mars | 26.01' | Skorpion | ♏ |
| ♃ | Jupiter | 12.55' | Steinbock | ♑ |
| ♄ | Saturn | 13.43' | Skorpion | ♏ |
| ♅ | Uranus | 12.59' | Schütze | ♐ |
| ♆ | Neptun | 1.18' | Steinbock | ♑ |
| ♇ | Pluto | 0.38' | Skorpion | ♏ |
| ☊ | Mondknoten | 8.27' | Zwillinge | ♊ |
| ⊕ | Glückspunkt | 4.37' | Jungfrau | ♍ |
| | Aszendent | 14.41' | Skorpion | ♏ |
| | Häusersp. 2 | 14.08' | Schütze | ♐ |
| | Häusersp. 3 | 22.12' | Steinbock | ♑ |
| | MC | 2.09' | Jungfrau | ♍ |
| | Häusersp. 11 | 3.48' | Waage | ♎ |
| | Häusersp. 12 | 27.01' | Waage | ♎ |

| | Sonne ☉ | Mond ☽ | Merkur ☿ | Venus ♀ | Mars ♂ | Jupiter ♃ | Saturn ♄ | Uranus ♅ | Neptun ♆ | Pluto ♇ | Mondknoten ☊ | Glückspunkt ⊕ | Asz |
|---|---|---|---|---|---|---|---|---|---|---|---|---|---|
| Mond ☽ | | | | | | | | | | | | | |
| Merkur ☿ | ☌ | ✶ | | | | | | | | | | | |
| Venus ♀ | | ✶ | | | | | | | | | | | |
| Mars ♂ | | □ | | | | | | | | | | | |
| Jupiter ♃ | | | | | | | | | | | | | |
| Saturn ♄ | | | | | | ✶ | | | | | | | |
| Uranus ♅ | | | | | | | | | | | | | |
| Neptun ♆ | △ | | △ | | | | | ✶ | | | | | |
| Pluto ♇ | ☍ | △ | ☍ | | | | | | ✶ | | | | |
| Mondknoten ☊ | | | | | | | | ☍ | | | | | |
| Glückspunkt ⊕ | △ | | △ | | | | | | △ | ✶ | □ | | |
| Asz | | | | | | ✶ | ☌ | | | | | | |
| MC | △ | | △ | | | | | | △ | ✶ | | ☌ | |

## *Übersicht der astrologischen Symbole*

| | | | | | |
|---|---|---|---|---|---|
| ♈ | Widder | ☉ | Sonne | Asz | Aszendent |
| ♉ | Stier | ☽ | Mond | Desz | Deszendent |
| ♊ | Zwilling | ☿ | Merkur | MC | Medium coeli (Himmelsmitte) |
| ♋ | Krebs | ♀ | Venus | | |
| ♌ | Löwe | ♂ | Mars | IC | Immum coeli (Himmelstiefe) |
| ♍ | Jungfrau | ♃ | Jupiter | | |
| ♎ | Waage | ♄ | Saturn | | |
| ♏ | Skorpion | ♅ | Uranus | | |
| ♐ | Schütze | ♆ | Neptun | | |
| ♑ | Steinbock | ♇ | Pluto | | |
| ♒ | Wassermann | | | | |
| ♓ | Fische | | | | |

In der Horoskopzeichnung sehen Sie auch eine *horizontale Linie*. Das ist unser *Horizont*, den wir bis über den äußeren Kreis der Zeichnung hinausziehen. Sie müssen sich die Erde als einen kleinen Punkt inmitten des Tierkreises vorstellen. Im nächsten Kapitel werden Sie genaueres über den *Tierkreis* oder *Zodiak* erfahren.
Wir sehen die Sonne jeden morgen im Osten aufgehen. Zwar nicht immer an derselben Stelle, denn die hängt von Datum und Standort ab, aber doch immer in derselben Gegend.
Die Erde dreht sich in 24 Stunden einmal um ihre eigene Achse. Diese Bewegung geht gegen den Uhrzeigersinn von Westen nach Osten. Der Tierkreis dreht in 24 Stunden scheinbar über uns hinweg und zwar von Osten nach Westen. Wer mehr über diesen Sachverhalt wissen möchte, findet weitere Titel dazu in der Literaturliste am Schluß des Buches.[22,29,39,40]
Wenn Sie auf dem Beispielhoroskop auf den östlichen Horizont schauen (also links auf die horizontalen Linie) sehen Sie da das Symbol für Saturn (♄) eingezeichnet. Das bedeutet, daß der Planet Saturn in dem Augenblick gerade über den Horizont aufsteigt. Sie sehen ferner sowohl Saturn (♄) als auch Mars (♂) in dem Segment des Tierkreises stehen, das wir Skorpion nennen.
Das Horoskop stellt einen Zeitpunkt kurz nach Sonnenuntergang dar. Das erkennen Sie daran, daß die Sonne (☉) ist im Westen gerade unter dem Horizont versunken ist. Damit haben Sie zugleich ein Prüfmittel, um festzustellen, ob Ihre Berechnung stimmt. Wenn Sie zum Beispiel ein Horoskop für einen Zeitpunkt nach Mitternacht erstellen, muß die Sonne ganz unten stehen, direkt gegenüber der Himmelsmitte (MC). Diese Position nennen wir *Himmelstiefe* (IC oder Immum coeli, oder Nadir). Gegen Sonnenaufgang befindet sich die Sonne hingegen knapp unterhalb des Aszendenten.

Dieses Beispielhoroskop ist erstellt für den 24. April 1984, 21.47 Uhr, Delft, Niederlande.
Um ein Horoskop zu berechnen brauchen Sie:

- das für den Horoskopzeitpunkt gültige Zeitmaß[7,8,36]
- Gestirnstandtabellen (Ephemeriden), um die Planetenpositionen für diesen Tag zu bestimmen[1,36,41]
- Sternzeit-Aszendenten-MC-Tabellen[36]
- die Koordinaten des Geburtsortes[35]

Für die Erstellung unseres Beispielhoroskops finden Sie die benötigten Daten im nebenstehenden Legendentext. Um eigenständig Horoskope zu erstellen, benötigen Sie die genannten Tabellenwerke. Ehe wir nun das Horoskop berechnen, wollen wir uns noch einmal kurz besinnen, was wir von der Astrologie erwarten können.
Astrologie ist weder Wahrsagerei noch Unterhaltung. Astrologie kann weder Ihnen selbst noch Ihren Mitmenschen die Verantwortlichkeit für eigene Entschlüsse und eigenes Handeln abnehmen. So verstanden, wäre Astrologie der geistigen Entwicklung eher hinderlich, während sie doch im Gegenteil ein Hilfsmittel der Selbsterkenntnis sein kann und soll.

Astrologen beobachten den Himmel (Stich, 16. Jahrhundert)

# 2. Der Tierkreis

Die Fläche des Tierkreises wird gebildet durch die scheinbare Umlaufbahn (Ekliptik), die wir die Sonne, den Mond und die Planeten von der Erde aus gesehen im Tagesverlauf durchwandern sehen.
Es ist ausgesprochen schwierig, die genaue aktuelle Position eines Planeten zu bestimmen. Jeder Planet hat seine eigene Umlaufbahn, jeder hat seine Eigenbewegung und sein eigenes Tempo. Deshalb werden sie auch *Wandelsterne* genannt. Einfachheitshalber zählen wir Sonne und Mond auch zu den Planeten, obwohl sie keine solchen sind. Die Sonne ist ein Fixstern. Der Mond dreht sich als Trabant um die Erde. Daß die Erde sich ihrerseits täglich einmal um ihre eigene Achse dreht, macht die genaue Positionsbestimmung der Planeten nicht einfacher.
Die Erde wie die Planeten umkreisen also die Sonne, jeder auf seiner eigenen Umlaufbahn. Der Mond wiederum umkreist die Erde. Weit jenseits des am weitesten von der Erde entfernten Planeten (Pluto) stehen die Sterne fest in der Unendlichkeit des Raums. Diese festen Sterne, die aus unserer Sicht kaum ihre Position verändern und die als Gruppen am Himmel sichtbar sind, nahm man als Orientierungspunkte für eine Positionszuordnung zu Hilfe. Einige dieser Sterngruppen liegen auf der Fläche der Ekliptik und wurden zu den *zwölf Zeichen des Tierkreises.*

### *Verschiebung des Frühlingspunktes (Widderpunktes)*

Im Laufe der Jahrhunderte haben Verschiebungen stattgefunden, wodurch diese beiden Fixpunkte des Tierkreises nicht mehr mit den gleichnamigen Sternengruppen am Himmel zusammenfallen. Diese Verschiebung des Frühlingspunktes (Beginn des astrologischen Zeichens Widder) nennen wir *Präzession der Äquinoktialpunkte*. Sie resultiert aus der Präzession der Erdachse. Für die Astrologie ist dieser Sachverhalt nicht weiter relevant, da die Astrologie mit Tierkreiszeichen und nicht mit Sternbildern arbeitet. Doch stoßen sich manche, denen das nicht bewußt ist, immer wieder daran. Das „Zifferblatt" verschiebt sich ungefähr um 1 Grad alle 72 Jahre. Doch daß können wir ja berücksichtigen. Alle Tabellen sind daraufhin umgerechnet, so daß Sie sich darum keine weiteren Sorgen machen müssen.
Anfang Widder und Anfang Waage werden durch den Stand der Sonne an zwei Tagen im Jahr angezeigt, an denen in der ganzen Welt Tag und Nacht gleich lang sind (ungefähr am 21. März und am 23. September). Steinbock be-

ginnt da, wo die Sonne steht, wenn es auf der nördlichen Halbkugel Winter wird (ungefähr am 23. Dezember) und Krebs beginnt dort, wo die Sonne steht, wenn es auf der nördlichen Halbkugel Sommer wird (ungefähr am 22. Juni).

Die Erde dreht sich nicht in vollkommen runden Kreisen um die Sonne. Wenn die Sonne im Krebs steht, ist die Entfernung zwischen Sonne und Erde ein wenig größer. Darum beginnt ein neues Tierkreiszeichen nicht immer genau am 21. eines Monats. Die Sonne ist im Steinbock schneller als im Krebs, da ihr Weg um einiges länger ist.

Um zunächst einigermaßen damit vertraut zu werden, folgt hier nun eine sehr knappe Kurzcharakteristik der einzelnen Tierkreiszeichen:

## *Charakteristik der Tierkreiszeichen*

| POSITIVE CHARAKTERZÜGE | NEGATIVE CHARAKTERZÜGE |
|---|---|
| **Widder (Aries) ♈** | |
| zielbewußt, voll Selbstvertrauen, mutig, kampfbereit, enthusiastisch, feurig, aktiv, geht seinen eigenen Weg | arrogant, widerborstig, leichtsinnig, aggressiv, impulsiv, unberechenbar, eigenmächtig, unbesonnen |
| **Stier (Taurus) ♉** | |
| umsichtig, geduldig, stabil, überlegt, bevor er etwas tut, kann große Energien entwickeln, beharrlich, sucht Gewißheit, kann das Leben genießen | bequem, langsam, kommt nicht in die Gänge, Anfälle blinder Wut, besteht dickköpfig auf dem eigenen Standpunkt, genußsüchtig |
| **Zwillinge (Gemini) ♊** | |
| vielseitig, anpassungsfähig, geschickt in Wort und Schrift, knüpft leicht Kontakte, logisch | verplempert seine Fähigkeiten, aalglatt, wortklauberisch, redete sich überall heraus, oberflächlich |
| **Krebs (Cancer) ♋** | |
| sehr sensibel, läßt sich das aber nicht anmerken, konservativ, sucht Sicherheit, fürsorglich, bemutternd | kapselt sich ab, hypersensibel, hängt zu sehr an der Vergangenheit, kann nicht loslassen |
| **Löwe (Leo) ♌** | |
| strebt nach Entfaltung, will Anerkennung, Ansehen, Macht, liebenswürdig und würdevoll, kämpft gegen Unrecht, ausgeprägtes Selbstwertgefühl | Geltungsdrang, Streber, hängt an Statussymbolen, behandelt andere von oben herab, reagiert schnell verletzt und aggressiv |

| POSITIVE CHARAKTERZÜGE | NEGATIVE CHARAKTERZÜGE |
|---|---|
| **Jungfrau (Virgo) ♍** | |
| Bedürfnis nach Sauberkeit und Hygiene, einfach, bescheiden, beherrscht ihre Gefühle, ordnungsliebend, denkt logisch, systematisch, präzise | ängstlich vor Krankheit und Armut, geringe Lebensfreude, gefühlskalt, langweilig, starr, gibt zu viel auf Fakten, kleinlich, wählerisch, miesmacherisch |
| **Waage (Libra) ♎** | |
| sucht den goldenen Mittelweg, ausgeprägtes Gerechtigkeitsgefühl, Takt, Geschmeidigkeit, Lebensfreude, Bedürfnis nach Schönheit und Harmonie | hängt das Fähnlein in den Wind, leicht aus dem Gleichgewicht zu bringen, schlaff, wankelmütig, genußsüchtig, eitel, blasiert |
| **Skorpion (Scorpio) ♏** | |
| will zum Kern vordringen, streitbar, Durchhaltevermögen, Alles-oder-Nichts-Haltung, verschlossen | mißtrauisch, eifersüchtig, streitlustig, vernichtend, hält durch bis zum bitteren Ende, rachsüchtig, tyrannisch, kann Gefühle nicht äußern, dadurch verletzlich und heftig |
| **Schütze (Sagittarius) ♐** | |
| richtet sich nach höheren Normen, offen, ehrlich, aufrecht, idealistisch, zielgerichtet, sucht geistige Ruhe, Bedürfnis nach Natürlichkeit, tierlieb, selbstlos | strebt nach unerreichbaren Zielen, scheinheilig, vertrauensselig, verletzend, schwärmerisch, irreale Lebensphilosophie, Ablehnung allen Unnatürlichens, „selbstlos" aus Eigennutz |
| **Steinbock (Capricornus) ♑** | |
| Widerstand, Beharrlichkeit, Selbstbeherrschung, Ernsthaftigkeit, Bedürfnis nach Gewißheit, nicht emotionell, wenig Bedürfnis nach Kontakten | hart gegenüber sich selbst und anderen, gefühlskalt, egoistisch, einsam, depressiv, gierig |
| **Wassermann (Aquarius) ♒** | |
| verändernd und erneuernd, auf die Zukunft ausgerichtet, progressiv, erfinderisch, unabhängig, Inspiration, Freiheitsliebe | gibt schnell nach, schlapp, leicht zu verführen, lebt in höheren Sphären, Angst vor der Welt und dem Leben, passiv |

| POSITIVE CHARAKTERZÜGE | NEGATIVE CHARAKTERZÜGE |
|---|---|
| **Fische (Pisces) ♓** | |
| sensibel, bescheiden, geduldig, friedliebend, tief gläubig, Bedürfnis nach Geborgenheit | chaotisch, schnell in Panik, kritiklos begeistert von allem Neuen, exzentrisch, extrem, provozierend |

Die zwölf Tierkreiszeichen geben an, wie sich die Planeten auswirken können. Ein Planet im Zeichen Widder bedeutet etwas anderes als derselbe Planet im Zeichen Waage. Darauf werden wir später noch eingehen. Zunächst jedoch im folgenden Kapitel eine kurze Charakteristik der Planeten.

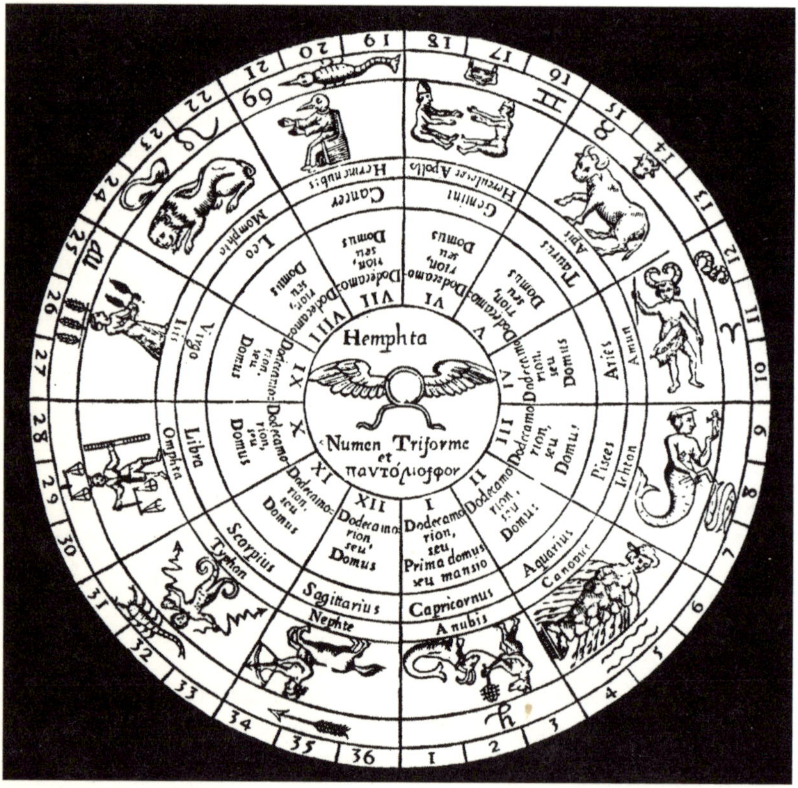


Tierkreis von Kirchner, ca. 1650

Ägyptischer Tierkreis

Iranischer Tierkreis

Der Mensch beobachtet den Himmel schon seit Jahrhunderten,
wie auf dieser rund 1600 entstandenen Abbildung: der Betrachter des Himmels

# 3. Die Planeten

### *Was bedeuten die Planeten im Horoskop und was zeigen sie an?*

☉ Die **Sonne** zeigt das innere Wesen, das Ego, das eigentliche Selbst des Menschen an. Die Potentiale, die jemand hat, um auf seine eigene Weise zur bestmöglichen Entfaltung zu gelangen.
Weil diese Prinzipien zu großen Teilen auch in der Symbolik für das Zeichen Löwe wiederzufinden sind, nennen wir die Sonne den *Herrscher des Tierkreiszeichens Löwe.*

☽ Der **Mond** bestimmt das Gefühlsleben, die Emotionen. Des weiteren alles, was mit der frühesten Kindheit und mit der Familie zu tun hat. Auch die Instinkte und das Bedürfnis, irgendwo dazuzugehören. Das Unterbewußte. Das Mutter-Kind-Verhältnis.
Diese Symbolik finden wir im Wesentlichen auch im Zeichen Krebs. Daher nennen wir den Mond den *Herrscher des Tierkreiszeichens Krebs.*

☿ **Merkur** symbolisiert das Denken, das Bewußtsein, Kommunikation mit anderen auf zwischenmenschlichem Niveau. Angelegenheiten erledigen.
Merkur ist der *Herrscher der Tierkreiszeichen Zwillinge und Jungfrau.*

♀ **Venus** versinnbildlicht unsere Fähigkeiten zu Liebe und Zuneigung, unser Bedürfnis nach Luxus, Erotik und allem, was als angenehm empfunden wird.
Venus ist *Herrscher der Tierkreiszeichen Stier und Waage.*

♂ **Mars** ist der Planet der Tat, der Aktion. Mars bestimmt das Willen- und Triebleben. Dieser Planet ist der *Herrscher des Tierkreiszeichens Widder.* Auch mit dem Tierkreiszeichen *Skorpion* steht der Mars in Verbindung.

♃ **Jupiter** steht für Erweiterung, Optimismus, das Gespür, aber auch für Übertreibung. Jupiter ist der *Herrscher der Tierkreiszeichen Schütze und zugleich der Fische.*

♄ **Saturn** ist der Planet der Einschränkung, Begrenzung, Sparsamkeit und des Gewissens. Auch von Tiefe und Pessimismus.
Saturn ist der *Herrscher des Tierkreiszeichens Steinbock.* Vor der Entdeckung des Uranus fiel das Tierkreiszeichen Wassermann ebenfalls unter diesen Planeten.

♅ **Uranus** zeigt neue Wege an, neue Möglichkeiten, plötzliche Veränderungen, auch Chaos. Uranus stimuliert das Streben nach Übereinstimmung.
Uranus ist der *Herrscher des Tierkreiszeichens Wassermann.*

♆ **Neptun** weist den Ausweg aus der Beschränktheit des Materiellen. Er steht aber auch für Flucht aus der Wirklichkeit.
Neptun ist der *Herrscher des Tierkreiszeichens Fische.* Vor der Entdeckung des Neptun war Jupiter der Herrscher der Fische.

♇ **Pluto** steht für das Bedürfnis nach völliger Erneuerung. Ob diese durch äußere Gewalt oder innerliche Kraft geschieht, hängt wesentlich von der geistigen Reife des Menschen ab, der damit zu tun hat.
Pluto ist der *Herrscher des Tierkreiszeichens Skorpion.* Vor der Entdeckung des Pluto war Mars der Herrscher des Skorpion.

Sie sehen, daß jeder einzelne Planet sich von den anderen unterscheidet. Vergleichen sie die Charakteristiken der Planeten einmal mit denen der Tierkreiszeichen, über die sie herrschen. Dann sehen Sie, daß ein Horoskop nicht einfach eine simple Aufteilung der Menschheit in 12 Gruppen ist. Das Horoskop ist vielmehr ein sehr detailliertes Bild, in dem alle möglichen Faktoren miteinander kombiniert werden, um so ein fundiertes Urteil über die Struktur eines Charakters zu bekommen. Lassen Sie diese Gedanken einstweilen auf sich wirken, auf daß Sie vertraut damit werden. Bedenken Sie dabei, daß ein Planet nicht einfach ein Tabelleneintrag in den Ephemeriden ist, sondern eine Realität.
In ihren Hauptlinien sind die Planetencharaktere, so wie sie durch die alte Astrologie seit unvordenklichen Zeiten überliefert sind, auch durch Wissenschaftler untersucht und bestätigt worden.[9,12] Vor allem das Werk von Michel und Françoise Gauquelin darf hierzu als wegweisend genannt werden.[14,15,16] Françoise Gauquelin, die zu Beginn ihrer Forschungen vor etwa einem halben Jahrhundert ihrem Untersuchungsgegenstand sehr skeptisch gegenüberstand, schrieb 1980:

*Meiner Hoffnung, die okkulten Traditionen auszuschalten, war jeder Grund entzogen. In den astrologischen Texten lassen sich objektiv nachweisbare Wahrheiten finden. Das konnte ich nicht länger leugnen.*[14]

Sie meinte damit die Charakteristik der einzelnen Planeten.

In der Literatur werden sie verschiedenste und viel komplexere Beschreibungen der Planeten finden. Sie stehen „in Erhöhung" oder „im Fall" und dergleichen Terminologien tauchen auf. Achten Sie vorläufig nur darauf, in welchem Maße ein Planet zu dem Zeichen paßt, in dem er steht. Der Mond etwa paßt gut zum Krebs oder zu den Fischen. In Jungfrau und Steinbock kann sich das Gefühl jedoch viel schlechter äußern.
Steht ein Planet in einem Tierkreiszeichen, das mit seiner Wirkung übereinstimmt, dann sagen wir, daß dieser Planet *stark* ist. *Stark* ist aber nicht automatisch günstig.
Ein Beispiel: Wenn Mars (der Planet des Streits, des Mutes, der Aggression) im tatkräftigen, aggressiven Zeichen Widder steht, verstärkt er dessen Prinzipien. Das kann bedeuten, daß diese Person, mit Mars in Widder oder Aries, einerseits sehr tatkräftig ist, also schnell zur Sache kommt. Aber wenn die Gesamtkonstellation entsprechend steht (darauf kommen wir später bei den Aspekten noch zurück), dann kann das auf deutliche Aggressionen hinweisen und auf jemanden, der gleich blind drauflosschlägt. Was sich günstig und was sich weniger günstig auswirkt, wird später noch behandelt.
Im Lauf des Lebens kann und sollte man übrigens lernen, seine Schwachpunkte zu erkennen und daran zu arbeiten. Zerstörerische Energie kann dadurch zu positiver, aufbauender Energie kanalisiert werden. Denken Sie an drei Blumenzwiebeln. Sie haben prinzipiell dieselben Entwicklungschancen. Die eine landet im Keller, die zweite wird zertreten, die dritte bekommt genau die richtige Menge Dünger und Licht ab: Alle drei entwickeln sich völlig unterschiedlich. So kann der Mensch durch seine Umgebung mehr oder weniger Chancen erhalten, sich zu entwickeln, wie die Natur es ihm in die Wiege gelegt hat.

***Übung***

*Betrachten Sie Ihr eigenes Horoskop. Wo steht die Sonne? Diese vergegenwärtigt die „wahre Art", das Ego, den göttlichen Funken in uns, den wir nicht durch andere Horoskopstände blockieren lassen dürfen. Auch die Umgebung und die Erziehung müssen genügend Chancen ermöglichen.*

Hier noch ein paar Begriffe, die Ihnen öfters begegnen werden:

## Herrscher

Planeten herrschen über ein Zeichen insofern, als die Natur des Planeten dann seine stärkste Auswirkung hat (zum Guten oder zum Schlechten), wenn die Wirkung des Planeten und die des Tierkreiszeichens weitgehend übereinstimmen.

## Tag- und Nachtherrscher

Diese Begriffe haben mit der introvertierten und der extrovertierten Wirkung zu tun. Merkur etwa ist der Tagherrscher des extrovertierten Zeichens Zwilling und der Nachtherrscher des introvertierten Zeichens Jungfrau.

## Dispositoren

Hierunter verstehen wir einen Planeten, der angibt, wie der Planet, für den er stellvertretend steht, zur Auswirkung kommt.

> ***Beispiel***
> die Sonne steht im Krebs; der Herrscher im Krebs ist der Mond; der Mond ist hier *Dispositor* (Stellvertreter) der Sonne.

Was bedeutet das für die Praxis? Mit der Sonne im Krebs lebt man vor allem aus seinen Gefühlen. Das Bedürfnis dazuzugehören und sich um andere zu kümmern ist groß. Diese Bedürfnisse gehören zum Mond.
Steht der Mond bei dieser Person beispielsweise im Wassermann, dann wird diese Person (zur Verdeutlichung hier sehr vereinfacht ausgedrückt) sich besonders in Gruppen geborgen fühlen. Wassermann ist ein soziales Zeichen, das sich gerne zu Gruppen gesellt.
Die Gefühle bei der Sonne im Krebs können chaotisch sein, wenn der Mond im Wassermann zusätzlich noch *schwierige Aspekte* hat.

# 4. Verschiedene Arten von Zeit

Astrologie wird häufig als philosophische, esoterische oder metaphysische Theorie gesehen. Dagegen spricht solange nichts, als wir uns stets bewußt bleiben, daß wir uns mit einer Hypothese beschäftigen.
Wenn Sie schon andere astrologische Bücher gelesen haben sollten, werden Sie bereits gemerkt haben, daß es in den Hauptlinien kaum unterschiedliche Meinungen gibt, daß aber in diversen Details sehr auseinandergehende Theorien bestehen. Ich werde mich auf die astrologischen Hauptlinien und Bausteine beschränken, über die sich die Astrologen seit Jahrhunderten einig sind.

Wir werden nun daran gehen, das Beispielhoroskop zusammen zu berechnen (vgl. S. 12).

| | | |
|---|---|---|
| | BEISPIELHOROSKOP | |
| Name: | (tragen Sie hier den Namen des-/derjenigen ein, für den das Horoskop erstellt wird) | |
| Geburtsdatum: | 24. April 1984 | Geburtszeit: 21.47 Uhr |
| Geburtsort: | Delft | 52°01 NB 4°22 ÖL |
| Ortszeit: | 20.04 Uhr | |
| Sternzeit: | 10.16 Uhr | |
| WEZ: | 19.47 Uhr | |

### *Geburtszeit, Geburtsort, Koordinaten*

Das *Geburtsdatum* können wir einfach in unsere Datentabelle eintragen: 24. April 1984.
Die Uhrzeit der Geburt haben wir auch: 21.47 Uhr. Die *Geburtszeit* ist die auf der Uhr angezeigte Zeit bei der Geburt. Wenn Sie ihre Geburtszeit nicht kennen, können Sie ggf. beim Standesamt Ihres Geburtsortes erfragen.
Der *Geburtsort* ist in unserem Beispiel Delft. Danach folgen die Koordinaten des Geburtsortes. Diese Koordinaten finden Sie z.B. im Register eines guten Weltatlasses oder auf einer Landkarte. Notfalls messen oder schätzen Sie auf der Landkarte den Abstand des Geburtsortes zum nächsten Längen- und Breitengrad.
Es gibt für den astrologischen Gebrauch spezielle Bücher[35], in denen Ortsnamen mit den Längen- und Breitengradangaben aufgelistet sind. Wenn Sie

ein solches Werk aufschlagen finden Sie darin z.B. für Delft den Eintrag: 52.01 NB 4.22 ÖL.

Neben der Geburtszeit sehen Sie in unserem Formular noch drei weitere Zeitangaben, die wir nun ausrechnen wollen.

### *GMT (Greenwich Mean Time) oder WZ (Weltzeit)*

Wir beginnen mit dem Ausrechnen dessen, was man GMT (Greenwich Mean Time) oder WZ (Weltzeit) nennt. [Sie werden dafür auch die Bezeichnung WEZ (Westeuropäische Zeit) finden.]
Es ist nicht auf der ganzen Welt gleich früh bzw. spät. Die Erde dreht sich in 24 Stunden um die eigene Achse. Stets ist es auf der einen Hälfte heller Tag auf der anderen dunkle Nacht.[22,29]

***Die Erde dreht von Westen nach Osten***
360 ° in 24 Stunden
180 ° in 12 Stunden
90 ° in 6 Stunden
15 ° in 1 Stunde
1 ° in 4 Minuten

Betrachten Sie einmal einen Globus und drehen Sie die Kugel von Westen nach Osten (also gegen den Uhrzeigersinn). Stellen Sie sich vor, Sie seien die Sonne und lassen die Erde unter dieser Sonne sich drehen. Wenn Sie die Globuskugel genau betrachten, sehen Sie darauf Linien eingezeichnet. Die Linien, die vom Nordpol zum Südpol verlaufen, haben mit der Zeit zu tun. Sie heißen *Längengrade* oder *Meridiane*. Aufgrund internationaler Konvention läuft der 0. Längengrad [seit etwa 1883] durch die englische Ortschaft Greenwich (daher auch die englische Bezeichnung GMT (Greenwich Mean Time) für die Weltzeit.

| | | | | | | | | | | | | | |
|---|---|---|---|---|---|---|---|---|---|---|---|---|---|
| Grade | 90 | 75 | 60 | 45 | 30 | 15 | 00 | 15 | 30 | 45 | 60 | 75 | 90 |
| | WL | WL | WL | WL | WL | WL | | ÖL | ÖL | ÖL | ÖL | ÖL | ÖL |
| Zeit (Uhr) | 06 | 07 | 08 | 09 | 10 | 11 | 12 | 13 | 14 | 15 | 16 | 17 | 18 |

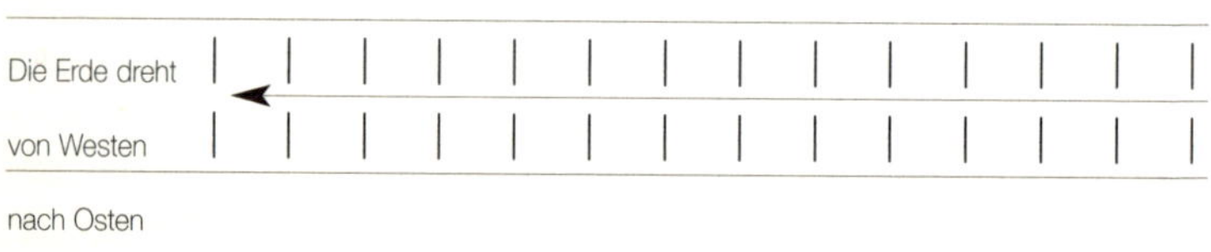

Diese Abbildung will zeigen, daß wenn es auf dem 0-Meridian (also GMT oder WEZ) z.B. 12 Uhr ist, auf 15° östlicher Länge (ÖL) schon eine Stunde später (13 Uhr) ist. Auf 15° westlicher Länge (WL) ist es dagegen erst 11 Uhr. Wir sehen die Sonne im Osten aufgehen und im Westen untergehen. Die Erde dreht sich mit einer Geschwindigkeit von 15° pro Stunde oder 1° pro 4 (Zeit-) Minuten von Westen nach Osten. Die Zeit, die hier schon ist, muß es im Westen von uns erst noch werden. Oder anders gesagt: „Da muß die Sonne erst noch hin laufen".

***Merke***
- wenn wir von Osten nach Westen rechnen, ziehen wir ab
- wenn wir von Westen nach Osten rechnen, zählen wir hinzu

## *Sommerzeit, Zeitmaß*

Bevor wir mit den Zeitumrechnungen beginnen, müssen wir erst einmal prüfen, ob zum fraglichen Datum am fraglichen Ort *Sommerzeit* herrschte. Sommerzeit ist ein zeitlich begrenzter, künstlicher Eingriff, bei dem der jeweiligen Standardzeit (je nach Zeitzone/Längengrad für Europa die WEZ (Westeuropäische Zeit, um den 0. Längengrad oder MEZ (Mitteleuropäische Zeit, um den 15° ÖL) eine Stunde hinzugezählt wird. Es gibt spezielle Bücher, in denen man die jeweilige Sommerzeit nachschlagen kann.[6,7,17a,36]
Früher mußten viele verschiedene Nachschlagewerke zu Hilfe gezogen werden, um die Umrechnungen hin zubekommen. Oftmals widersprachen sich die Tabellen auch noch. Mißtrauen Sie älterer astrologischer Literatur hinsichtlich der Zeitangaben. Sie erscheinen völlig zuverlässig und vollständig, aber sowohl Ländergrenzen wie Zeitzonen können sich verändern und auch die Sommerzeiten sind immer wieder modifiziert worden.

Auf den folgenden Seiten finden Sie einige Fakten und Daten über die Zeitregelungen, die für unser Beispielhoroskop unentbehrlich sind. Darin sehen Sie, daß am 24. April 1984 in Delft die Sommerzeit galt (die künstlich addierte Stunde müssen wir also für unser Horoskop abziehen).

## *Standardzeit, örtliche wahre Zeit, örtliche mittlere Zeit*

Die angezeigte Uhrzeit bei der Geburt war 21.47 Uhr. Die Standard- oder Normalzeit war demnach 20.47 (= 21.47 minus 1 Stunde Sommerzeitzuschlag).
Was ist *Standardzeit*? Bis ins letzte Jahrhundert, hatte jede Stadt ihre eigene örtliche Zeit. Erst war das die Zeit, so wie sie der Sonnenstand angab (*örtliche wahre Zeit*). Weil sich aber die Natur nun einmal nicht genau regelmäßig verhält, gab es Unterschiede in der Länge der Tage.
Später wurde die *örliche mittlere Zeit* eingerichtet, wobei die Tage in 24 gleiche Stunden eingeteilt wurden. Jeder Tag war auf diese Weise gleich lang. Im Vergleich mit der wahren Zeit ergibt das eine Abweichung von rund einer Viertelstunde. Bei unseren Berechnungen haben wir es einzig mit der mittleren Zeit zu tun, denn diese wird in den Ephemeriden und anderen Tabellen verwendet.
Mit zunehmendem Verkehr wurde es immer unpraktikabler, daß jede Stadt ihre eigene Zeit hatte. Darum wurde die *Standardzeit* oder *Zonenzeit* eingeführt.
Die Welt ist nun in 24 Zeitzonen eingeteilt. Der Unterschied von Zeitzone zu Zeitzone beträgt eine Stunde (Bezugsgröße ist der 0. Längengrad in Greenwich/GB). Es gibt zwar eine Reihe von Abweichungen von dieser Faustregel, doch die lassen wir hier außer acht.
In Belgien und den Niederlanden gilt derzeit die Standardzeit, die zur Zeitzone um den 15. Längengrad herum gehört (= MEZ oder Mitteleuropäische Zeit). Diese Zeit wurde zu Beginn der deutschen Besatzung 1940 eingeführt und ist danach so geblieben.
Die hierzu gehörende GMT (Greenwich Mean Time) ist nun sehr einfach auszurechnen. Wir hatten gesehen, daß die Zeit sich pro 15° um eine Stunde verändert. Auch haben wir festgestellt, daß wir beim Umrechnen von Ost nach West subtrahieren müssen. Greenwich liegt auf dem 0. Längengrad. Von der angezeigten Geburtszeit ziehen wir also 1 Stunde ab, um die MEZ in die GMT umzusetzen.

Wir waren von der Uhrzeit 21.47 Uhr ausgegangen. Davon wurde 1 Stunde Sommerzeit abgezogen. Nun wird noch der Unterschied von Zonenzeit zu GMT abgezogen. Die GMT ist hier also 19.47 Uhr. Diesen Wert tragen wir in unsere Datentabelle hinter „GMT" ein.

Wofür brauchen Sie das? Wir wollen nun die Planetenpositionen berechnen. Dabei sehen Sie dann, wofür wir die GMT brauchen.

## *Bestimmungen der Weltzeit (Deutschland)*

Vor 1890 galt die wirkliche Ortszeit (LMT)

Von 1890 bis 1. April 1893 00.00 Uhr galten LMT und MEZ

Von 1. April 1983 ab 00.00 Uhr:
Mitteleuropäische Zeit (MEZ)
(Von 1919 bis 1927 galt im französisch besetzten Gebiet GMT)

## Sommerzeiten Deutschland

| | | | | |
|---|---|---|---|---|
| 1916 | 30.4. | 23 h | 1.10. | 1 h |
| 1917 | 16.4. | 2 h | 17.9. | 3 h |
| 1918 | 15.4. | 2 h | 16.9. | 3 h |
| 1919 | keine Sommerzeit bis 1939 | | | |
| 1940 | 1.4. | 2 h durchgehend | | |
| 1941 | ganzjährige Sommerzeit | | | |
| 1942 | Sommerzeit bis 2.11. 3 h | | | |
| 1943 | 29.3. | 2 h | 4.10. | 3 h |
| 1944 | 3.4. | 2 h | 2.10. | 3 h |
| 1945 | 2.4. | 2 h | 16.9. | 3 h |
| 1946 | 14.4. | 2 h | 7.10. | 3 h |
| 1947 | 6.4. | 3 h | 5.10. | 3 h |
| 1948 | 18.4. | 2 h | 3.10. | 3 h |
| 1949 | 10.4. | 2 h | 2.10. | 3 h |

keine Sommerzeit mehr bis 1980

## Abweichende Sommerzeiten

Von 1919 bis 1927 galt im französischen Kriegsgebiet, wie auch in Mainz, Koblenz, Köln, Wiesbaden und Mannheim, dieselbe Sommerzeitregelung wie in Belgien.

| | | | | |
|---|---|---|---|---|
| 1919 | 1.3. | 23 h | 5.10. | 0 h |
| 1920 | 14.2. | 23 h | 24.10. | 0 h |
| 1921 | 14.3. | 23 h | 26.10. | 0 h |
| 1922 | 25.3. | 23 h | 7.10. | 0 h |
| 1923 | 21.4. | 23 h | 7.10. | 0 h |
| 1924 | 29.3. | 23 h | 7.10. | 0 h |
| 1925 | 4.4. | 23 h | 4.10. | 0 h |
| 1926 | 17.4. | 23 h | 3.10. | 0 h |
| 1927 | 9.4. | 23 h | 2.10. | 0 h |

1945 galt im russisch besetzten Gebiet (einschließlich Berlin) eine abweichende Sommerzeitregelung.
1945 vom 24.5. 2 h bis 24.9. 3 h Sommerzeit plus 1 Stunde
1945 vom 24.9. 3 h bis 18.11. Sommerzeit
1947 galt vom 11.5. 3 h bis 29.6. 3 h Sommerzeit plus 1 Stunde

## *Sommerzeiten Österreich*

Vor dem 1.4.1893 (15h) galt die wirkliche Ortszeit (LMT)

### Sommerzeiten 1916 - 1948

| *Jahr* | *von/bis* | *Jahr* | *von/bis* |
|---|---|---|---|
| 1916 | 30.4. (23h) - 1.10. (1h) | 1943 | 29.3. (2h) - 4.10. (3h) |
| 1917 | 16.4. (2h) - 17.9. (3h) | 1944 | 3.3. (2h) - 2.10. (3h) |
| 1918 | 15.4. (2h) - 16.6. (3h) | 1945 | 2.4. (2h) - 18.11. (3h) |
| 1920 | 5.4. (2h) - 13.9. (3h) | 1946 | 14.4. (2h) - 7.10. (3h) |
| 1940 | 1.4. (2h) durchgehend | 1947 | 6.4. (3h) - 5.10. (3h) |
| 1941 | ganzjährige Sommerzeit | 1948 | 18.4. (2h) - 3.10. (3h) |

Sommerzeit bis 2.11. (3h)

Danach keine Sommerzeit mehr bis 1980.

### Sommerzeiten seit 1980

| *Jahr* | *von/bis* | *Jahr* | *von/bis* |
|---|---|---|---|
| 1980 | 06.4 (2h) - 27.9. (24h) | 1991 | 31.3 (2h) - 29.9. (3h) |
| 1981 | 29.3. (2h) - 27.9. (3h) | 1992 | 29.3. (2h) - 27.9. (3h) |
| 1982 | 28.3. (2h) - 26.9. (3h) | 1993 | 28.3. (2h) - 26.9. (3h) |
| 1983 | 27.3. (2h) - 25.9. (3h) | 1994 | 27.3. (2h) - 26.9. (3h) |
| 1984 | 25.3. (2h) - 30.9. (3h) | 1995 | 26.3. (2h) - 1.10. (3h) |
| 1985 | 31.3. (2h) - 29.9. (3h) | 1996 | 31.3. (2h) - 29.9. (3h) |
| 1986 | 30.3. (2h) - 28.9. (3h) | 1997 | 30.3 (2h) - 28.9. (3h) |
| 1987 | 29.3. (2h) - 27.9. (3h) | 1998 | 29.3. (2h) - 27.9. (3h) |
| 1988 | 27.3. (2h) - 25.9. (3h) | 1999 | 28.3. (2h) - 26.9. (3h) |
| 1989 | 26.3. (2h) - 1.10. (3h) | 2000 | 26.3. (2h) - 1.10. (3h) |
| 1990 | 25.3. (2h) - 30.9. (3h) | | |

## *Sommerzeiten Schweiz*

Vor dem 1.6. 1894 (15h) galt die wirkliche Ortszeit (LMT)

### Sommerzeiten 1941 - 1942

| *Jahr* | *von/bis* | *Jahr* | *von/bis* |
|---|---|---|---|
| 1941 | 05.5. (2h) - 6.10. (0h) | 1942 | 4.5. (2h) - 5.10. (0h) |

### Sommerzeiten 1980 - 2000

| | | | |
|---|---|---|---|
| 1981 | Keine Sommerzeit | 1991 | 31.3. (2h) - 29.9. (3h) |
| 1981 | 29.3. (2h) - 26.9. (3h) | 1992 | 29.3. (2h) - 27.9. (3h) |
| 1982 | 28.3. (2h) - 26.9. (3h) | 1993 | 28.3. (2h) - 26.9. (3h) |
| 1983 | 27.3. (2h) - 25.9. (3h) | 1994 | 27.3. (2h) - 26.9. (3h) |
| 1984 | 25.3. (2h) - 30.9. (3h) | 1995 | 26.3. (2h) - 1.10. (3h) |
| 1985 | 31.3. (2h) - 29.9. (3h) | 1996 | 31.3. (2h) - 29.9. (3h) |
| 1986 | 30.3. (2h) - 28.9. (3h) | 1997 | 30.3. (2h) - 28.9. (3h) |
| 1987 | 29.3. (2h) - 27.9. (3h) | 1998 | 29.3. (2h) - 27.9. (3h) |
| 1988 | 27.3. (2h) - 25.9. (3h) | 1999 | 28.3. (2h) - 26.9. (3h) |
| 1989 | 26.3. (2h) - 1.10. (3h) | 2000 | 26.3. (2h) - 1.10. (3h) |
| 1990 | 25.3. (2h) - 30.9. (3h) | | |

# 5. Berechnung der Planetenpositionen

Zunächst ein Beispiel, wie die Planetenstände in den Ephemeriden dargestellt sind:

***Beispiel Ephemeride – April 1984***

| Tag | Sid. T | Sonne | Mond | Merkur | Venus | Mars | Jupiter | Saturn | Uranus | Neptun | Pluto |
|---|---|---|---|---|---|---|---|---|---|---|---|
| 22 | 14.01 | 2Ta03 | 20Cp32 | 2Ta23r | 17Ar26 | 26Sc39r | 12Cp53 | 13Sc55r | 13Sg04r | 1Cp19r | 0Sc43r |
| 23 | 14.05 | 3 01 | 2Aq49 | 1 41 | 18 40 | 26 26 | 12 54 | 13 51 | 13 02 | 1 19 | 0 41 |
| 24 | 14.09 | 4 00 | 14 53 | 1 00 | 19 54 | 26 13 | 12 55 | 13 47 | 13 00 | 1 18 | 0 40 |
| 25 | 14.13 | 4 58 | 26 49 | 0 19 | 21 08 | 25 59 | 12 55 | 13 42 | 12 58 | 1 18 | 0 38 |
| 26 | 14.17 | 5 57 | 8Pi41 | 29Ar40 | 22 22 | 25 44 | 12 56 | 13 38 | 12 57 | 1 17 | 0 36 |
| 27 | 14.21 | 6 55 | 20 33 | 29 03 | 23 36 | 25 28 | 12 57 | 13 33 | 12 55 | 1 16 | 0 35 |
| 28 | 14.25 | 7 53 | 2Ar28 | 28 29 | 24 50 | 25 12 | 12 58 | 13 29 | 12 53 | 1 15 | 0 33 |

r = retrograde

Ar=Aries, Ta=Taurus, Ge=Gemini, Cn=Cancer, Le=Leo, Vi=Virgo, Li=Libra, Sc=Scorpio, Sg=Sagittarius, Cp=Capricornus, Aq=Aquarius, Pi=Pisces.

2Ta03 bedeutet also 2.03 Grad Taurus. Wenn am nachfolgenden Tag kein Zeichen steht, bleibt der Planet im gleichen Zeichen.

Wir berechnen nun das Horoskop für das Datum: 24. April 1984, 19.47 GMT. Was wir in den Ephemeriden finden, ist der Planetenstand für 0 Uhr GMT. Hätten wir die Aufgabe eine Horoskop für den 24. April 1984, 0 Uhr zu erstellen, wäre die Lösung leicht: Wir bräuchten lediglich genau den Planetenstand aus den Ephemeriden zu übernehmen. Das würde in unserem Fall für die Sonne also 4° Taurus (4Ta00) bedeuten.
Bevor wir aber nun ausrechnen, wo die Sonne am betreffenden Tag um 19.47 Uhr stand, wollen wir uns noch den Aufbau des Tierkreises ansehen. Damit ist die Verteilung der Tierkreiszeichen insgesamt sowie die Einteilung der einzelnen Zeichen in Grad und Bogenminuten gemeint.

Auf der nächsten Abbildung (S. 34) sehen Sie den Aufbau des Tierkreises:

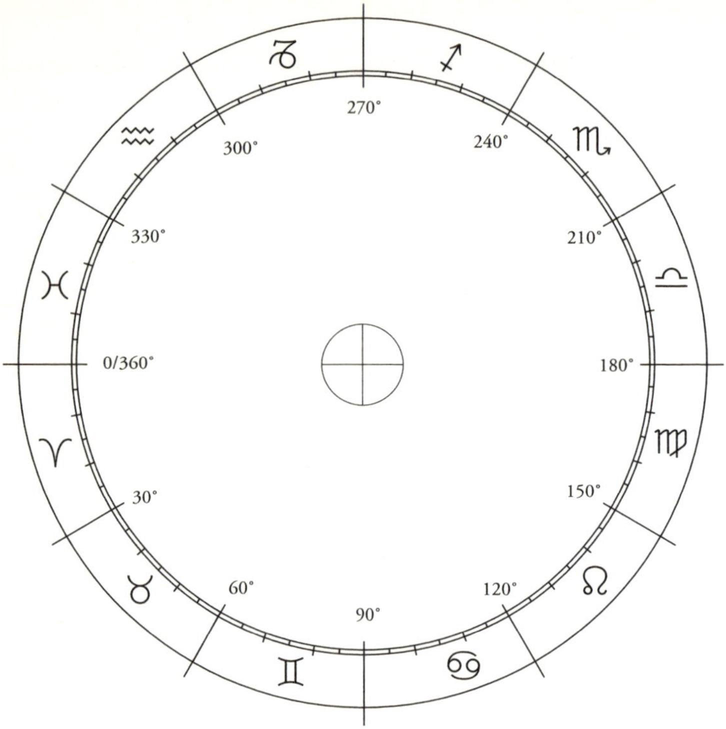
270°
240°
210°
180°
150°
120°
90°
60°
30°
0/360°
330°
300°

## *Aufbau des Tierkreises*

Der Tierkreis ist unterteilt in 360°. Wir wissen, daß es 12 Tierkreiszeichen gibt. Jedes Zeichen belegt damit einen Sektor von 30° und geht danach in das folgende Zeichen über. 30° Widder ist also zugleich 0° Stier, 30° Stier ist zugleich 0° Zwilling etc. Wenn wir z.B. den Abstand von 10° Widder nach 15° Stier berechnen müssen, erhalten wir als Ergebnis 35° (20° um Widder voll zu machen + 15° im Stier).
Jedes einzelne Grad ist weiter unterteilt in *Bogenminuten*. So wie wir eine Stunde in 60 Zeitminuten unterteilen, ist ein Grad unterteilt in 60 Bogenminuten. Eine Bogenminute wiederum wird in 60 *Bogensekunden* unterteilt. Bogen- und Zeitminuten dürfen wir natürlich auf gar keinen Fall verwechseln!

*Merke*
- ein Tierkreiszeichen umfaßt 30°
- ein Grad umfaßt 60 Bogenminuten

Wer Schwierigkeiten mit der Berechnung hat, findet in Kapitel 24 einen Abschnitt mit Übungsaufgaben für das Rechnen mit Grad und Minuten. Wenn Sie ältere Ephemeriden miteinander vergleichen, werden Sie feststellen, daß dort mitunter verschiedene Angaben in den Bogensekunden, z.T. auch in den Bogenminuten auftauchen. Heute werden die Planetenstände per Computer berechnet, sodaß die Ergebnis weitgehend identisch sind.
Sie werden ebenfalls feststellen, daß die Koordinatenangaben für verschieden Orte nicht in allen Weltatlanten übereinstimmen. Auf solche Varianten werden Sie immer wieder treffen. Es ist wichtig, sich dessen bewußt zu sein, vor allem um sich unnötige Frustrationen beim Rechnen zu ersparen. Das Durchrechnen bis zur x-ten Stelle hinter dem Komma ist quasi intellektuelle Selbstquälerei.
Für die Berechnung des Planetenstands aus den Ephemeriden brauchen wir folgende Daten:

A: den *0 Uhr-Stand* (siehe Geburts-Ephemeride)
B: den *24 Uhr-Stand* (siehe Ephemeriden des Folgetages)

Die Differenz zwischen B und A (als B minus A) ist die zurückgelegte Strecke in 24 Stunden. Wir brauchen nun aber nicht die Strecke, die in 24 Stunden von jedem Planeten zurückgelegt wurde, sondern die, die in 19 Stunden und 47 Minuten zurückgelegt wurde. Es ist zugegeben nicht einfach, in Stunden und Minuten, Grad und Bogenminuten zu rechnen. Darum wandeln wir sowohl die Stunden als auch die Grade in Minuten respektive Bogenminuten um:

1° = 60 Bogenminuten (oder 60′)
1 Stunde = 60 Zeitminuten

Um die Position eines bestimmten Planeten zur GMT-Zeit einer Geburt zu berechnen, arbeiten wir mit folgender Formel:

- (zurückgelegte Strecke : 1440) x GMT + 0 Uhr-Stand =
  = *Radixstand bzw. Radixposition*

*Radix* ist das lateinische Wort für Wurzel. Das Geburtshoroskop wird daher auch *Radixhoroskop* genannt. Wir kommen wir zu dieser Formel?

- 24 Stunden = 24 x 60 = 1440 Zeitminuten
- zurückgelegte Strecke dividiert durch 1440 ergibt die zurückgelegte Strecke pro Zeitminute
- dieses Ergebnis multiplizieren wir mit der Minutenzahl der GMT-Geburtszeit; hierzu setzen wir die Stunden und Minuten der Geburtszeit um in Minuten

Wir wissen nun, welche Strecke der Planet bei seinem spezifischen Tempo seit 0 Uhr zurückgelegt hat. Wenn wir dieses Ergebnis zum 0 Uhr-Stand hinzuzählen, erhalten wir den Radixstand bzw. die Radixposition, die wir dann in unser Horoskopformular eintragen können.

*Beispielberechnung für die Position der Sonne:*

- Geburtsdatum und –zeit: 24 April 1984, 19.47 Uhr GMT
- 19 Stunden und 47 Minuten umwandeln in Zeitminuten: 19 x 60 + 47 = 1187 Zeitminuten
- der 0 Uhr-Stand der Sonne war laut Tabelle 4.00° Taurus, der 24 Uhr-Stand war 4.58° Taurus; die zurückgelegte Strekke der Sonne in 24 Stunden ist demnach 58 Bogenminuten; in 19 Stunden und 47 Minuten oder 1187 Zeitminuten legt die Sonne also (58 : 1440) x 1187 = 48 Bogenminuten zurück.
- das Ergebnis addieren wir zum 0 Uhr-Stand der Sonne hinzu: 4.00° Taurus + 48 Bogenminuten = 4.48° Taurus

Der *Radixstand der Sonne* oder, anders gesagt, *die Radixsonne* (19.47 Uhr GMT) steht in diesem Fall auf 4.48° im Zeichen Taurus (Stier). Diese Position tragen wir nun in unser Horoskopformular ein. Hinter dem Sonnensymbol tragen Sie die Gradzahl und daneben das Tierkreiszeichen ein.

*Beispielrechnung für die Position des Mondes:*

- 0 Uhr-Stand ist 14.53° Aquarius
- 24 Uhr-Stand ist 26.49° Aquarius (zur Rechenvereinfachung kann dies auch als 25.49 + 60 (1° = 60 Bogenminuten) oder 25.109 (25° und 109 Bogenminuten) geschrieben werden)
- danach ist die zurückgelegte Strecke in 24 Stunden 25.109 minus 14.53 = 11° 56 Bogenminuten = 11 x 60 + 56 = 716 Bogenminuten; in 19 Stunden 47 Minuten werden vom Mond danach (716 : 1440) x 1187 = 590 Bogenminuten zurückgelegt; umgerechnet in Grad sind das 590 : 60 = 9 x 60 + 50 = 9° 50 Bogenminuten; anders gesagt: die vom Mond um 19.47 Uhr zurückgelegte Strecke beträgt 9.50°
- dies Ergebnis addieren wir nun zum 0 Uhr-Stand des Mondes: 14.53 + 9.50 = 23.103 = 24.43°

Der *Radixstand des Mondes* oder *der Radixmond* ist also 24.43°Aquarius. Diese Position tragen wir wieder in unserer Formular ein.

In der gleichen Weise berechnen Sie die Positionen für Merkur und die restlichen Planeten. Die *langsamen* Planeten (Uranus, Neptun, Pluto) können Sie schätzen. Es ist nicht notwendig, diese ebenso sorgfältig zu berechnen wie die anderen, da die täglich zurückgelegte Strecke so klein ist.

Es kann Ihnen je nach Ephemeriden-Tabelle, mit der Sie arbeiten, geschehen, daß sich die Berechnungsergebnisse um wenige Bogenminuten unterscheiden. Das läßt sich leider nicht vermeiden, ist aber für die weitere Deutung nicht maßgeblich.

## *Rückläufigkeit*

Bei Merkur und Mars können Sie sehen, daß die in der Tabelle angezeigten Positionen umgekehrt verlaufen, also von 1°Ta00 nach 0°Ta19 (= -41 Bogenminuten) respektive von 26°Sc13 nach 25°Sc59 (= -14 Bogenminuten).

Dieses Phänomen nennen wir *Rückläufigkeit*. In den Ephemeriden wird es durch ein großes „R" hinter dem Planetenstand angezeigt, beispielsweise 0°Ta19R.

Die Planeten umlaufen natürlich die Sonne, wir aber gründen unsere Berechnungen auf den Planetenlauf, so wie wir ihn von der Erde aus sehen. Es gibt ein Zusammenspiel zwischen der Bewegung der Planeten um die Sonne und die der Erde um die Sonne. Die Rückläufigkeit ist ein scheinbares Zurücklaufen des Planeten, weil wir diese Bewegung von der Erde aus wahrnehmen. Weiterführende Informationen entnehmen Sie bitte der Literaturliste.[22,29,39,40]

Bei Planeten, die sich rückläufig bewegen ist die Berechnung im Prinzip dieselbe, wie bei den anderen, *direktläufigen* Planeten. Einziger Unterschied ist, daß der seit 0 Uhr zurückgelegte Weg vom 0-Uhr-Stand *abgezogen* werden muß, um die Radixposition zu bestimmen.

Die vorgeführte Rechenweise ist natürlich zeitaufwendig und kann durchaus zu Rechenfehlern führen. Früher wurde alles per Hand (respektive im Kopf) ausgerechnet, es gab ja noch keine Taschenrechner. Um sich die Rechnungen zu erleichtern, benutzte man sogenannte Interpolations-Tabellen. Oben an der Tabelle stand z.B. die vom betreffenden Himmelskörper in 24 Stunden zurückgelegte Strecke, darunter die in 23 Stunden zurückgelegte Strecke, dann die in 22 Stunden usw. Für die Berechnung der Positionen zwischen den vollen Stunden gab es weitere Tabellen, so daß die Berechnung eher ein Zusammensuchen als ein richtiges Rechnen war.

## *Kontrolle der Berechnungen*

Ihre Berechnung müssen Sie stets auch kontrollieren. Dabei können Ihnen folgende Erwägungen nützlich sein:

- der Stand der Sonne in Hinblick auf den Horizont muß immer mit der Realität übereinstimmen
- wer also bei Sonnenaufgang geboren wurde, hat die Sonne ungefähr beim Aszendenten stehen, wer um Mitternacht geboren wurde, hat die Sonne beim IC stehen usw.
- die Umlaufbahnen von Merkur und Venus verlaufen nah an der Sonne, daher sind deren Positionen im Horoskop niemals weit von der Sonnenposition entfernt
- Merkur darf nicht weiter als ungefähr 23° und Venus

  höchstens 48° entfernt von der Sonne stehen.

# *Interpolationstabelle*

| Planeten | Stand 0 Uhr | Stand 24 Uhr | zurückgelegte Abstand in 24 Stunden | zurückgelegte Abstand in 19.47 uur | hinzuzählen zum 0-Uhr-Stand | Radix-Stand | Bemerkung |
|---|---|---|---|---|---|---|---|
| Sonne | 4Ta00 | 4Ta58 | 0.58 | (58:1440)x1187 | 0.48+ 4.00 | 4Ta48 | zum Mond: |
| Mond | 14Aq53 | 26Aq49 | 11.56 | (716:1440)x1187 | 9.50+14.53 | 24Aq43 | 14x60+53= 893 |
| Merkur | 1Ta00 | 0Ta19R | -0.41 | (-41:1440)x1187 | -0.34+ 1.00 | 0Ta26 | 26x60+49=1609 |
| Venus | 19Ar54 | 21Ar08 | 1.14 | (74:1440)x1187 | 0.61+19.54 | 20Ar55 | 1609-893= 716 |
| Mars | 26Sc13 | 25Sc59R | -0.14 | (-14:1440)x1187 | -0.12+26.13 | 26Sc01 | 590 Minuten = |
| Jupiter | 12Cp55 | 12Cp55 | | die langsamen Planeten schätzen | | 12Cp55 | 9.50 Grad |
| Saturn | 13Sc47 | 13Sc42 | | | | 13Sc43 | denn 590:60= |
| Uranus | 13Sa00 | 12Sa58 | | | | 12Sa59 | 9 Rest 50 |
| Neptun | 1Cp18 | 1Cp18 | | | | 1Cp18 | bei Rückläufigkeit |
| Pluto | 0Sc40 | 0Sc38 | | | | 0Sc38 | abziehen (oder negativ |
| | | | | | | | addieren) vom (zum) |
| | | | | | | | 0-Uhr-Stand |

# 6. Berechnung von Himmelmitte (MC) und Aszendent auf Basis der Sternzeit

Um die Himmelmitte (MC) und den Aszendenten zu finden, müssen wir erst die *Ortszeit* ausrechnen.
Danach suchen wir in den Ephemeriden die *Sternzeit*, die der Ortszeit zugezählt werden muß. Des weiteren suchen wir in der Sternzeit-Aszendent-MC-Tabelle die *MC-Position* zur gefundenen Sternzeit.
In derselben Tabelle finden wir auch den *Aszendenten* auf der geographischen Breite des Geburtsortes.
In Häusertabellen ist bei den meisten Systemen der Beginn des 1. Hauses der Aszendent und der Beginn des 10. Hauses die Himmelsmitte oder MC. Es sind viele verschiedene Tabellenwerke in Umlauf. In den Niederlanden [und den USA] wird meist das Häusersystem nach Placidus[17] verwendet. Auf die verschiedenen Häusersysteme komme ich in Kapitel 15 zurück (Stundenastrologie). Hier wollen jetzt wir die Himmelsmitte und den Aszendenten auf Basis der Sternzeit berechnen.

### *Berechnung der mittleren Ortszeit*

Die *mittlere Ortszeit* ist die Zeit eines bestimmten Orten abhängig vom mittleren Stand der Sonne. Wir wissen, daß die Erde sich in 4 Minuten um 1° von Westen nach Osten dreht. Wir wissen auch, daß wir bei der Umrechnung der Zeiten subtrahieren müssen, wenn wir von Osten nach Westen rechnen und addieren, wenn wir von Westen nach Osten rechnen.

Delft liegt auf 4.22 öL. Das bedeutet, das der Zeitunterschied zur GMT 4 x (4 x 60 +22) = 1048 = 17.28') 17 Minuten und 28 Sekunden beträgt. Wir runden hier auf Minuten ab und rechnen weiter mit einem Zeitunterschied von 17 Minuten. Diese addieren wir zur zuvor ermittelten GMT, um so die mittlere Ortszeit zu bestimmen.

- mittlere Ortszeit = GMT + Zeitunterschied = 19.47 + 0.17 = 20.04 Uhr

Nun müssen wir noch die Sternzeit berechnen. Diese benötigen wir, um die Himmelmitte (MC) und den Aszendenten zu bestimmen.

Für die Aszendentenberechnung brauchen wir die geographische Breite des Geburtsortes. Delft liegt auf 52.01 NB (nördlicher Breite).

## *Berechnung der Sternzeit (ST) oder Siderischen Zeit*

In den Ephemeriden sehen Sie ganz links eine Spalte, die mit „ST" betitelt ist. Das steht für *Siderische Zeit*, was *Sternzeit* bedeutet. Was verstehen wir darunter?

Aus den Ephemeriden ist ersichtlich, daß die Sonne aus Sicht der Erde jeden Tag um ungefähr 1° wandert. Die Sternzeit (ST) verändert sich, wie Sie in der Tabelle sehen, jeden Tag um 4 Minuten.

Die Sternzeituhr funktioniert im Prinzip wie unsere gewöhnliche Uhr, allerdings geht die Sternzeituhr je 24 Stunden um 4 Minuten gegenüber der gewöhnlichen Uhrzeit vor. Wie kommt das? Gemäß allgemeiner Konvention gilt 0 Uhr Sternzeit, wenn auf 0°Aries (=Widder) die Himmelmitte (MC) steht. Vier Minuten später steht auf der Himmelmitte 1° Aries. Gewisse natürliche Varianzen lasse ich hier außer acht und rechne einfachheitshalber mit 1° pro 4 Minuten.

Wenn es in Delft 0 Uhr Sternzeit ist (also 0° Aries auf der Himmelsmitte), dann wird es in Greenwich erst in 17 Minuten so sein. Beachten Sie dies gut, denn hier werden häufig Fehler gemacht.

Nach 24 Stunden ist die Sternzeituhr genau einmal rund gelaufen, aber: Wir sahen, daß der Stand der Erde und der Sonne zueinander um 1° verschoben ist. Die mittlere Ortszeit ist 12 Uhr, wenn die Sonne an ihrem höchsten Punkt steht. Am folgenden Tag ist die Sonne noch 1° weiter gewandert. Ihr höchster Punkt liegt dann, um 12 Uhr örtlicher Zeit, 1° weiter. Das ist der Grund, warum wir je 24 Stunden die Sternzeit 4 Minuten „vorgehen" sehen, also alle 6 Stunden 1 Minute [bzw. jede Stunde 10 Sekunden]. Diese Fakten brauchen wir für spätere Berechnungen noch.

Die Spalte „ST" in den Ephemeriden zeigt an, welche Sternzeit um 0 Uhr mittlere Ortszeit herrscht (eigentlich, um wieviel die Sternzeit gegenüber unserer gewöhnlichen Uhrzeit „vorgeht").

Die mittlere Ortszeit für unser Beispiel hatten wird schon ermittelt: 20.04 Uhr. Hierzu addieren wir 14.09, denn in den Ephemeriden finden wir: 0 Uhr mittlere Ortszeit = 14.09 ST. Die Sternzeit lautet dann 20.04 + 14.09 = 34.13. Damit ist es aber noch nicht getan.

Wir müssen noch 3 Minuten (0.03) zur Korrektur addieren. Warum das?

Die Sternzeituhr geht alle 6 Stunden um 1 Minute bzw. pro Stunde 10 Sekunden vor. Um 20.04 Uhr (20 x 10 = 200 Sekunden : 60 = 3 Minuten 20 Sekunden) sind das also gerundet 3 Minuten. Da 20.04 näher an 180 liegt, als an 240, runden wir ab. Bei 22.00 hätten wir 4 Minuten zur Korrektur zuzählen müssen.

Die Sternzeit lautet also 34.13 + 0.03 = 34.16. Hiervon ziehen wir 24 ab, da die Sternzeituhr wie jede gewöhnliche Uhr alle 24 Stunden wieder bei 0 beginnt. Die Sternzeit, die wir auf unserem Horoskopformular eintragen müssen lautet also 10.16. Auf Basis dieser Sternzeit berechnen wir im folgenden Abschnitt die Himmelsmitte und den Aszendenten.

## *Das Aufsuchen der Himmelmitte und des Aszendenten*

Im folgenden sehen Sie ein Beispiel aus einer Sternzeit-Aszendenten-MC-Tabelle. Davon gibt es eine ganze Reihe verschiedener, je nach verwendetem Häusersystem und nach benötigtem Breitengrad.

| | | | |
|---|---|---|---|
| Sternzeit | ST 10.12 Uhr | ST 10.16 Uhr | ST 10.20 Uhr |
| Himmelmitte | 0.57 Vi | 2.00 Vi | 3.03 Vi |
| Aszendent auf nördlicher Breite | | | |
| 0 | 4.56 Sa | 5.53 Sa | 6.50 Sa |
| ... | | | |
| 50 | 15.00 Sc | 15.53 Sc | 16.26 Sc |
| 51 | 14.27 Sc | 15.10 Sc | 15.52 Sc |
| 52 | 13.54 Sc | 14.35 Sc | 15.17 Sc |
| 53 | 13.19 Sc | 14.01 Sc | 14.42 Sc |
| ... | | | |
| 89 | 2.11 Li | 2.13 Li | 2.14 Li |

Wir entnehmen dieser Tabelle, daß, wenn die Sternzeit um 4 Minuten weiterspringt, die Himmelmitte (MC) ungefähr um 1° weiterrutscht. In der Tabelle suchen wir heraus, welche Sternzeit der von uns errechneten Sternzeit am nächsten liegt.
Unsere errechnete Sternzeit lautete 10.16. Diese steht auch so in der Tabelle. Wir finden eine Himmelmitte von 2° Virgo. Das bedeutet, daß bei einer Sternzeit von 10.16 dieser Teil des Tierkreises seinen höchsten Punkt erreicht in Bezug auf Ort und Zeit des Horoskops. In unser Horoskopformular tragen wir den gefundenen Wert ein: MC 2.00 Virgo (= Jungfrau).

Sie sehen, daß je Sternzeit nur wenige MC-Werte angegeben sind, während eine ganze Reihe von Aszendent-Werten aufgelistet werden.
Der MC hat wesentlich zu tun mit der Drehung der Erde um ihre eigene Achse. Als wir die Sternzeit ausrechneten, haben wir daran Rechnung getragen,

indem wir uns immer auf Längengrade bezogen haben. Jeder Längengrad hat für eine bestimmte Sternzeit denselben MC-Wert.
Das Ermitteln des Aszendenten ist da etwas komplizierter. Der Aszendent gibt an, welches Zeichen am östlichen Horizont erscheint. Würde die Erdachse genau lotrecht zum Tierkreis stehen, dann stünde der Aszendent immer lotrecht über dem MC. Aber wir wissen inzwischen, daß die Erdachse schief zur Ekliptik steht. Manchmal ist der Winkel zwischen dem östlichen Horizont und dem MC groß, manchmal klein. Im Bereich des Äquators ist die Varianz am geringsten. Da liegt der Winkel zwischen Aszendent und MC nah bei 90°.
Wir kennen die Erscheinung von Polarsommer und Polarwinter. Im Polarsommer ist die Sonne während des größten Teils der Nacht sichtbar. Im Polarwinter scheint sie nur ganz kurz. Weil die Erde schief auf ihrer Achse steht, bekommt das Polargebiet im Sommer viel, im Winter wenig Sonnenlicht ab. Dieses Beispiel verdeutlicht, daß im Polbereich dasselbe Stück Tierkreis manchmal nur kurz, manchmal sehr lange über dem Horizont steht.

***Merke***
- der MC ist der Punkt, wo der Längengrad den Tierkreis schneidet
- der Aszendent ist der Punkt; wo der Horizont im Osten den Tierkreis schneidet

Schauen wir noch einmal auf die Sternzeit-Aszendenten-MC-Tabelle. Die Ziffern links von 0 bis 89 geben die Breitengrade an. Bei Sternzeit 10.16 steigt über dem Äquator (= 0. Breitengrad) 6° Sagittarius gerade eben über den östlichen Horizont. Der Aszendent ist daher also 6° Sagittarius (= Schütze).
Werfen wir nun einen Blick auf die Zeile neben dem 89. Breitengrad. Da finden wir auf 89° nördlicher Breite für dieselbe Sternzeit 2° Libra (= Waage) als Aszendenten. Manchmal sind die Unterschiede sogar noch größer.
Wir hatten schon herausgefunden, auf welchem Breitengrad Delft liegt: 52.01 NB. Schauen Sie nun in der Tabelle in die Zeile, wo 52 davor steht. Wir finden hier bei Sternzeit 10.16 einen Aszendenten von fast 15° Scorpio (= Skorpion). Diesen Wert tragen wir in unser Horoskopformular ein. Nun haben wir alle nötigen Daten berechnet.
Die Werte von Aszendent und Himmelsmitte runde ich gewöhnlich auf ganze Grade auf oder ab. Die Geburtszeit stimmt ohnehin in der Regel nicht genau. Selbst wenn wir während der Niederkunft auf die Uhr gucken, können wir daneben liegen. Schauen wir schief auf die Uhr, sehen wir den Zeiger nicht genau auf der richtigen Ziffer stehen. Darüber hinaus kann die Uhr vor- oder nachgehen. Ich habe mehrfach bei einer anstehenden Geburt verschiedene Leute gebeten, genau auf die Uhr zu schauen und immer wieder

gab es kleine Differenzen in deren Zeitangaben. Aus diesen ganz praktischen Erwägungen heraus runde ich.
Das soll Sie jedoch nicht von genauen Berechnungen abhalten. Sie können natürlich zwischen zwei Sternzeiten interpolieren (d.h. den Mittelwert zwischen zwei aufeinander folgenden Werten errechnen). Genauso können Sie natürlich zwischen zwei Breitengradangaben interpolieren, um möglichst nahe heranzukommen. Doch daß führt für dieses Buch zu weit.

## *Die Berechnung des Aszendenten auf der Südhalbkugel*

Dieses Thema soll hier nur ganz kurz angerissen werden. Für die Aszendentenberechnung auf der Südhalbkugel müssen wir einen kleinen Kunstgriff anwenden. Für die südlichen Breiten gibt es nämlich keine gesonderten Aszendententabellen. Wir sahen im Vorhergehenden schon, daß der Winkel zwischen Aszendent und Himmelsmitte manchmal groß und manchmal klein ist. Wenn der Winkel auf der Nordhalbkugel groß ist, ist er auf der Südhalbkugel klein bzw. umgekehrt.
Für die Berechnung des Aszendenten auf der Südhalbkugel addieren wir zuerst 12 Stunden zur Sternzeit hinzu. Wir suchen nun die zugehörigen MC- und Aszendentenwerte heraus. Von den gefundenen Zeichen nehmen wir nun das jeweils genaue Gegenzeichen, also 3° Aries (= Widder) wird 3° Libra (=Waage), 7° Taurus (= Stier) wird 7° Scorpio (= Skorpion) usw.
Wir finden für den MC dann exakt denselben Wert wie für die nördliche Halbkugel. Aber wir finden für den Aszendenten auf der südlichen Halbkugel einen anderen Wert. Doch es überschreitet den Rahmen dieses Buches, hierauf näher einzugehen.

## *Das Zeichnen des Horoskops*

Nachdem wir nun alle Daten für unser Horoskop beisammen haben, können wir daran gehen, das Horoskop zu zeichnen. Für einen Positionsplan der Planeten bei der Geburt sorgen wir zunächst dafür, daß die Linie vom Aszendenten zum Deszendenten (das ist der Punkt, an dem die Planeten im Westen unter den Horizont abtauchen) horizontal ist. Diese Linie gibt den Horizont an.
Manche erachten die Himmelmitte als das Wichtigste. Die setzen die Horizontlinie vom MC genau am höchsten Punkt des Tierkreises (also im Süden) an und führen sie direkt gegenüber durch den IC, die Himmelstiefe (der tiefste Punkt des Himmels).
Andere beginnen stets mit 0° Aries (= Widder) im Osten, weil dort der Tierkreis beginnt.

Ich wähle fürs erste eine horizontale Linie für den Horizont. Zeichnen Sie selbst mit, damit Sie genau wissen, wie sich eine Horoskopzeichnung zusammensetzt, wenn Sie einmal den Ausdruck eines Computerprogramms in Händen halten.
Zeichnen Sie einen Kreis (360°) und dahinein entgegen den Uhrzeigersinn die zwölf Zeichen des Tierkreises. Jedes Zeichen umfaßt 30° und entspricht so dem Segment einer Torte, die in zwölf gleiche Stücke aufgeteilt ist. Zeichnen Sie dann die Planeten auf den Positionen ein, die Sie zuvor errechnet haben. Verwenden Sie nicht nur die deutschen Bezeichnungen der Tierkreiszeichen sondern auch die lateinischen, da diese Ihnen in diesem Buch immer wieder begegnen werden. Vergleichen Sie nun Ihre Zeichnung mit der Abbildung des Beispielhoroskops auf Seite 12 und 56).

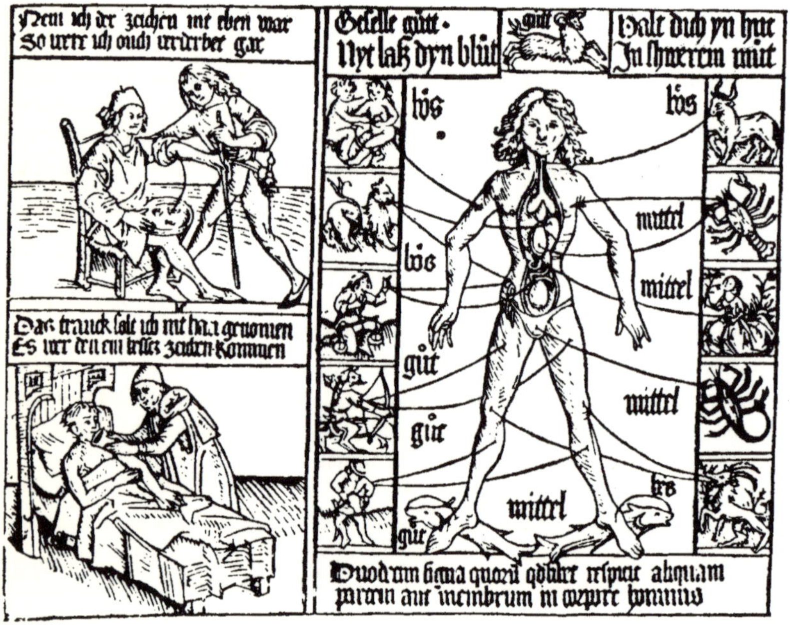

Man versuchte, die menschliche Konstitution aus dem Horoskop abzulesen, wie dieses Kalenderblatt aus dem Spätmittelalter zeigt.

# 7. Einteilung in Elemente und Kreuze

Für eine erste Beurteilung eines Horoskops prüfen wir, wie die Planeten in den *Elementen* (Feuer, Erde, Luft, Wasser) und *Kreuzen* (kardinale Zeichen, fixe Zeichen, veränderliche Zeichen) verteilt sind.

Doch bevor wir das angehen, wollen wir das bisher Gelernte kurz wiederholen.
Wir haben gesehen, daß jeder Planet Hinweise für ein bestimmtes Lebensgebiet gibt. Neben den Planeten ist der Aszendent ein wichtiger Faktor für die Bestimmung von Charakterzügen mit Hilfe des Horoskops. Folgende kurze Übersicht faßt die Faktoren nach dem Maß des Einflusses noch einmal zusammen:

- die *Sonne* zeigt das wahre Wesen eines Menschen an; die Potentiale für die Entwicklung zu einem reifen Menschen
- der *Aszendent* zeigt, wie wir uns der umgebenden Welt darstellen; er zeigt auch unsere Maske, unseren Selbstschutz

Sonne und Aszendent sind in der Regel die wichtigsten Komponenten im Radixhoroskop.

- der *Mond* verrät uns, wie wir mit unseren Gefühlen umgehen, wie wir unsere ersten Eindrücke gesammelt haben, auch die unbewußten aus der Babyzeit

Nach Sonne und Aszendent ist der Mond der wichtigste Bestandteil im Horoskop.

- *Merkur* bestimmt das Verstandeswesen, die Kontaktfähigkeit, das Sprechen, Schreiben, Lernen, die Fähigkeit, Dinge anzugehen
- *Venus* bezieht sich auf alles, was das Leben angenehm macht, so wie Zuneigung, Kunst, Verliebtheit, guten Geschmack, aber auch Eitelkeit und Faulheit
- *Mars* veranschaulicht unsere Tatkraft, die Weise, wie wir in „action“ kommen, aber auch unsere Aggressionen

- *Jupiter* sagt uns etwas über unsere Möglichkeiten der (Bewußtseins-) Erweiterung, geistige und religiöse Bedürfnisse, etwas über die Ideale in uns, aber auch über die Gefahr der Übertreibung
- *Saturn* steht für Beherrschung und Beschränkung, Formung des Bewußtseins
- *Uranus* läßt Veränderungen zu, oft zu impulsiv, aber immer erneuernd. Er steht für Unabhängigkeit und Individualität.
- *Neptun* läßt uns unsere Grenzen überschreiten; er steht für mystische Erfahrungen ebenso wie für das Untergehen in Scheinwelten
- *Pluto* befreit unbewußte Energien; jederzeit mit dem Willen zur Macht und anspruchsvoll
- die *Himmelmitte (MC)* erzählt etwas über die Art und Weise, wie wir unsere Aufgabe, unseren Platz in der Gesellschaft auffassen oder ausfüllen können

Steht in unserem Horoskop eine Anzahl von Planeten im *selben Element*, dann ist das von Bedeutung. Wird ein bestimmtes Element von keinem der vorgenannten Charakterplaneten besetzt, dann kann hier ein Defizit vorhanden sein.
Stehen viele Planeten im *selben Kreuz*, dann kann das auf Schwierigkeiten durch einseitige Ausrichtung deuten. Später müssen wir noch alle diese Erwägungen durch die Deutung der Aspekte abrunden. Fürs erste wollen wir uns einmal die möglichen Verteilungen der Planeten auf die Elemente und Kreuze betrachten.

## *Die Elemente: Feuer, Erde, Luft und Wasser*

Der Tierkreis besteht aus zwölf Zeichen, die auf unterschiedliche Weise gruppierbar sind.
Man kann sie z.B. einteilen in *extrovertierte* und *introvertierte* Zeichen. Extrovertierte Zeichen wirken nach außen. Dazu zählen Widder, Zwillinge, Löwe, Waage, Schütze und Wassermann. Die introvertierten Zeichen wirken nach innen. Hierzu gehören Stier, Krebs, Jungfrau, Skorpion, Steinbock und Fische. Wenn Sie den Tierkreis genauer ansehen, merken Sie, daß die introvertierten und extrovertierten in der Abfolge einander abwechseln: Widder ist extrovertiert, Stier introvertiert, Zwillinge extrovertiert, Krebs introvertiert usw.
Eine andere Untergliederung der Tierkreiszeichen ist die in *Elemente*.

Die Elemente geben das Temperament an, den Antrieb, die Art, mit etwas umzugehen; die ausgeprägteste Seite des Lebens: kurz den Typ eines Menschen. Wir gliedern den Tierkreis in die vier Elemente:

- *Feuer*: die Willenskraft und das Triebhafte, das Ausführende. Dazu gehören Widder, Löwe und Schütze
- *Erde*: das passiv Wahrnehmende, das Irdische. Hierzu zählen Stier, Jungfrau und Steinbock
- *Luft*: das Verstandesbetonte, Aktive, das Kommunikative. So die Zeichen Zwilling, Waage und Wassermann
- *Wasser*: das Fühlen, das Emotionale. Hierunter fallen Krebs, Skorpion und Fische.

Stehen viele Planeten im selben Element, dann tendiert die Person deutlich in die angezeigte Typrichtung. Zum Beispiel:

- stehen die meisten Planeten in Feuer- oder Luftzeichensegmenten, dann überwiegt die *extrovertierte* Ausprägung
- stehen die meisten Planeten in Wasser- oder Erdzeichensegmenten, dann herrscht *Introvertiertheit* vor

Wirklich aussagekräftig wird die Sache allerdings erst, wenn ein deutliches Überwiegen einer der beiden Ausprägungen bzw. ein Defizit auf der anderen Seite vorliegt. Andere Aspekte können etwa mögliche Defizite einer Ausprägung wieder ausgleichen.
Betrachten wir die Verteilung der Planeten in den Elemente des Horoskops genauer.

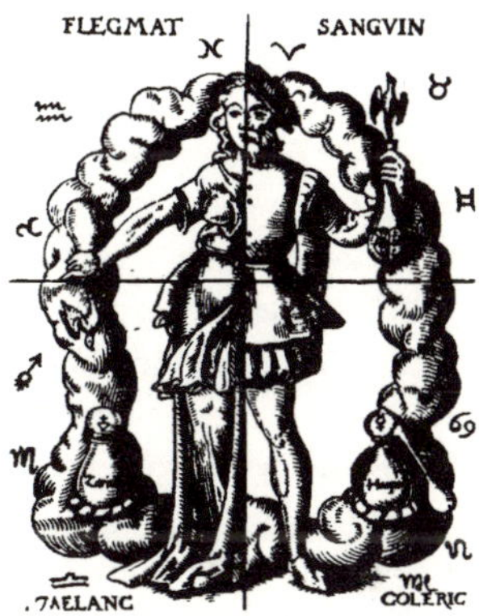


Sind die Elemente im vollendeten Gleichgewicht, so erreicht man die Quintessenz, die fünfte Essenz, das wirkliche Gold der alten Alchimisten; das eigene Selbst.

Es sind verschiedene Bewertungssysteme im Umlauf, von denen die meisten die Sonne, den Aszendenten und die Himmelsmitte (MC) am höchsten bewerten.
Leider sind vielfach die angegebenen Geburtszeiten (besonders bei Leuten, die vor langer Zeit oder im Ausland geboren wurden) recht ungenau. Das hat aber zur Folge, daß der einigen so wichtige Aszendent nicht oder nur annähernd zu bestimmen ist. Dazu kommen Ungenauigkeiten bei der Berechnung etwa auf Basis einer verkehrten Standardzeit oder einer übersehenen Sommerzeit etc. In solchen Fällen kann man eigentlich mit dem ermittelten Aszendenten nichts anfangen. Seien Sie also sehr gewissenhaft im Umgang mit der Geburtszeitberechnung. Wenn Sie sich nicht sicher sind, legen Sie nicht zuviel Gewicht in die Aszendetendeutung oder genauso in die MC-Deutung. Lassen Sie bei der Interpretation lieber unsichere Fakten außer acht, als daß Sie mit unzuverlässigen Daten arbeiten.

Ein Tag Unterschied macht bei der *Sonne* nur 1° Abweichung aus, bei den meisten Planeten sogar noch weniger. Für die Berechnung ist das noch nicht weiter schlimm (die Probleme kommen erst später, wenn es an die Voraussage geht).

Beim *Mond* wird der Unterschied schon sehr ansehnlich, wenn die Geburtszeit nur 2 Stunden daneben liegt. Beim MC tritt schon eine Abweichung um 1° bei nur 4 Minuten Differenz auf.

Beim *MC* ist die Varianz eine regelmäßige, weil die Himmelmitte vom Längengrad abhängt. Die Meridiane laufen parallel zur Erdachse.

Beim *Aszendenten* ist die Varianz viel größer, erheblich mehr als +/- 1° je 4 Minuten, da der Aszendent an den Breitengrad gekoppelt ist.

Mit einer „milimetergenauen" Ausdeutung jedes einzelnen Horoskopelements müssen wir also vorsichtig sein.
Lassen wir für den Anfang (schließlich ist dies eine grundlegende Einführung in die Materie und Sie stehen ganz am Anfang Ihrer Astrologiestudien) alle Planeten als gleichwertig annehmen und mit jeweils mit Wertigkeit 1 bemessen.
Die Planetenverteilung auf die Elemente wollen wir mit der folgenden Figur verdeutlichen. Zeichnen Sie jetzt den Kreis einmal selbst nach, wie die Abbildung es zeigt und zeichnen sie die Planeten an den Rand neben das Zeichen, das Sie als Position für den Planeten berechnet haben.

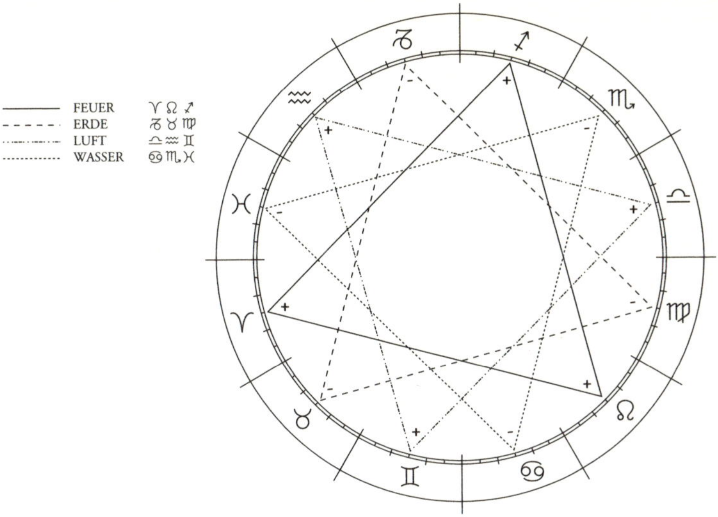


Für unser Beispielhoroskop sehen wir dann folgende Verteilung.

| | | |
|---|---|---|
| *im Element Feuer:* | Venus und Uranus | = 2 (in extrovertierten Zeichen) |
| *im Element Erde:* | Sonne, Merkur, Jupiter, Neptun, MC | = 5 (in introvertierten Zeichen) |
| *im Element Luft:* | Mond | = 1 (in extrovertiertem Zeichen) |
| *im Element Wasser:* | Mars, Saturn, Pluto | = 4 (in introvertierten Zeichen) |

Unser erster Schluß lautet: die nach innen gewandten (introvertierten) Ausprägungen überwiegen hier (9 : 3). In extrovertierten Zeichen stehen nur Venus, Uranus und Mond.
Venus handelt von Zuneigung, Verliebtheit, auch Hobbys. Der Mond handelt von Gefühlen. Der größte Teil des Charakters dieses Menschen sucht aber nach Sicherheit, Geborgenheit, Stabilität. Diese Konstellation deutet auf einen in sich geschlossenen Menschen mit impulsiven Aufwallungen, sobald es um Gefühle und Liebesangelegenheiten geht.
Welches Bewertungssystem Sie auch immer anwenden werden, hier ist ein deutliches Übergewicht der Elemente Erde und Wasser, der introvertierten Richtung.
Wenn Sie diese Sachverhalte weiter ausloten möchten, finden Sie einige Literatur, die darauf vertieft eingeht, in der Liste am Schluß des Buches.[19,33]

Betrachten Sie die Zeichnung genau. Der Tierkreis sollte ihnen bald aus dem Effeff geläufig sein. Malen Sie die in den jeweiligen Elementen zusammengehörigen Zeichen einfach in 4 unterschiedlichen Farben an. Die Erdzeichen vielleicht ocker, die Wasserzeichen blau usw. Das macht das Wiedererkennen und Zuordnen um vieles leichter.

### *Die Kreuze: kardinal, fix, veränderlich, introvertiert, extrovertiert*

Wir werden nun die Gliederung in Kreuze anhand der folgenden Zeichnung erläutern. Die Unterteilung in Elemente spricht den *Typ*, das *Temperament* an. Die Unterteilung in Kreuze bezieht sich auf die *Ausrichtung* oder *Orientierung*.

*kardinale Zeichen* (Widder, Krebs, Steinbock, Waage) sind *Aktions*-orientiert
*fixe Zeichen* (Stier, Löwe, Skorpion, Wassermann) sind *Ich*-orientiert
*veränderliche Zeichen* (Zwillinge, Jungfrau, Schütze, Fische) sind *Verstandes*-orientiert

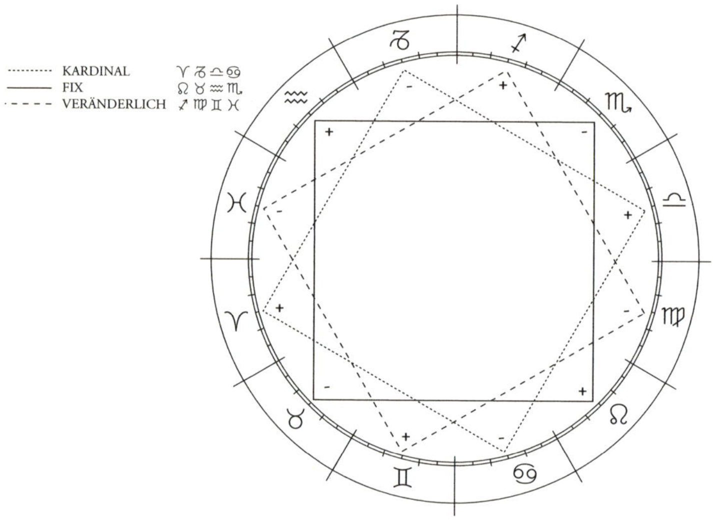


Zeichen, die ins selbe Kreuz fallen, bilden zueinander einen 90° Winkel oder sie stehen sich genau gegenüber und bilden so einen 180° Winkel (= 2 x 90°).

- einen Winkel von 90° nennen wir *Quadrat*
- einen Winkel von 180° nennen wir *Opposition*

Hierauf kommen wir bei der Besprechung der Aspekte noch zurück.

| | *kardinal* | *fix* | *veränderlich* |
|---|---|---|---|
| Feuer | ♈ | ♌ | ♐ |
| Erde | ♑ | ♉ | ♍ |
| Luft | ♎ | ♒ | ♊ |
| Wasser | ♋ | ♏ | ♓ |

Aus dem obigen Schema wird deutlich, daß zu jedem Zeichen eine feste Kombination von einem Element und einem Kreuz gehört. [Also z.B. ist Krebs ein kardinales Wasserzeichen, Stier ein fixes Erdzeichen usw.]
Die Hälfte der Zeichen wirkt extrovertiert (nach außen gerichtet), die andere introvertiert (nach innen orientiert).
Mit Hilfe folgende Liste von Schlüsselwortzuordnungen können Sie selbst einmal Zusammengehörendes kombinieren:

| | |
|---|---|
| ***Feuer:*** | *die Willenskraft und das Triebhafte, das Ausführende* |
| ***Erde:*** | *abwartend, ruhig, beherrscht* |
| ***Luft:*** | *intellektuell, verstandesmäßig, lebhaft, kontaktfreudig* |
| ***Wasser:*** | *emotional, sensibel, verletzlich* |
| ***kardinal:*** | *Aktions-orientiert* |
| ***fix:*** | *Ich-orientiert* |
| ***veränderlich:*** | *Verstandes-orientiert* |

## Kombinationsbeispiele

Zunächst betrachten wir die *kardinalen* Zeichen. Diese sind *Aktions*-orientiert:
- *Widder* sucht als *Feuerzeichen* das Abenteuer
- *Krebs* strebt als *Wasserzeichen* nach Geborgenheit, Sicherheit, Häuslichkeit
- *Waage* sucht als *Luftzeichen* Kontakte, Geselligkeit, Vergnügen
- *Steinbock* setzt sich als *Erdzeichen* für das Erreichen eines Lebensziels ein

Die *fixen Zeichen* sind *Ich*-orientiert:

- *Löwe* kämpft als *Feuerzeichen* für die eigene Ehre und Anerkennung
- *Stier* möchte als *Erdzeichen* in Ruhe seinen eigenen Weg gehen, möchte nicht gestört werden und achtet sehr auf seine Bequemlichkeit
- *Wassermann* als *Luftzeichen* viel sich unter Gleichgesinnten in seinem Element; er denkt sehr sozial, kann aber sehr wohl auch engstirnig auf seiner Auffassung als der einzig richtigen beharren
- *Skorpion* als *Wasserzeichen* kann seine Gefühle nur schwer zulassen, geschweige denn äußern; er kann leicht in unbewältigten Emotionen ersticken

Die *Verstandes-orientierten veränderlichen Zeichen* wirken ebenfalls jedes aus seinem Temperament heraus:

- *Schütze* ist ein bewegliches *Feuerzeichen* und setzt sich als solches für seine Ideale und Überzeugungen ein; er versucht auch, andere von seinen Idealen zu überzeugen
- *Jungfrau* als *Erdzeichen* will auf ganz irdischem Niveau verändern, Ordnung schaffen, entdeckt dauernd und leicht Fehler, grübelt dabei gerne über vielerlei Detailfragen, die mit den wesentlichen Lebensfragen wenig zu tun haben
- *Zwillinge* sind ein *Luftzeichen* und will als solches alles ganz genau wissen und ist rasend neugierig; sie versuchen alles, was ihnen begegnet intellektuell zu fassen und alle „Puzzleteilchen" zu einem Ganzen zusammenzufügen.
- *Fische* als *Wasserzeichen* möchten aus rein emotionalem Antrieb heraus die Dinge verbessern, sich aufopfern für eine bessere Welt; manchmal kann das einen Fisch derart in Not und Verzweiflung führen ziehen, das er ganz mutlos resigniert

Wer über die Symbolik der Elemente und Kreuze nun noch mehr wissen möchte, findet in der Liste am Schluß des Buches weiterführende Literatur zu diesem Thema. [7b,13,22]

Beispielhoroskop
24-4-1984 19.47 GMT
Delft 52.01 NB 4.22 OL

Planeten

| | | | | |
|---|---|---|---|---|
| ☉ | Sonne | 4.48' | Stier | ♉ |
| ☽ | Mond | 24.43' | Wasserman | ♒ |
| ☿ | Merkur | 0.27' | Stier | ♉ |
| ♀ | Venus | 20.55' | Widder | ♈ |
| ♂ | Mars | 26.01' | Skorpion | ♏ |
| ♃ | Jupiter | 12.55' | Steinbock | ♑ |
| ♄ | Saturn | 13.43' | Skorpion | ♏ |
| ♅ | Uranus | 12.59' | Schütze | ♐ |
| ♆ | Neptun | 1.18' | Steinbock | ♑ |
| ♇ | Pluto | 0.38' | Skorpion | ♏ |
| ☊ | Mondknoten | 8.27' | Zwillinge | ♊ |
| ⊕ | Glückspunkt | 4.37' | Jungfrau | ♍ |
| | Aszendent | 14.41' | Skorpion | ♏ |
| | Häusersp. 2 | 14.08' | Schütze | ♐ |
| | Häusersp. 3 | 22.12' | Steinbock | ♑ |
| | MC | 2.09' | Jungfrau | ♍ |
| | Häusersp. 11 | 3.48' | Waage | ♎ |
| | Häusersp. 12 | 27.01' | Waage | ♎ |

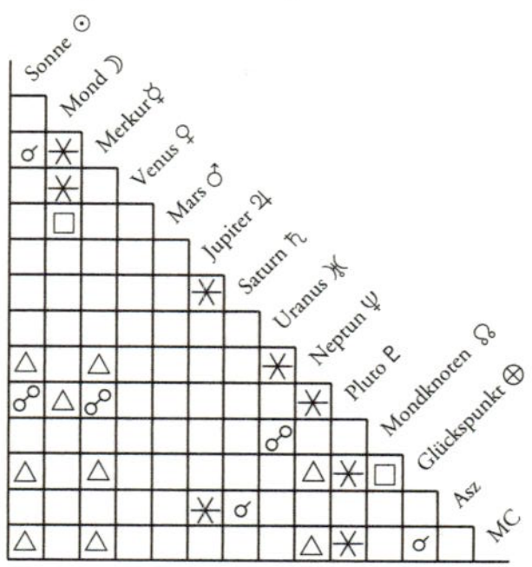


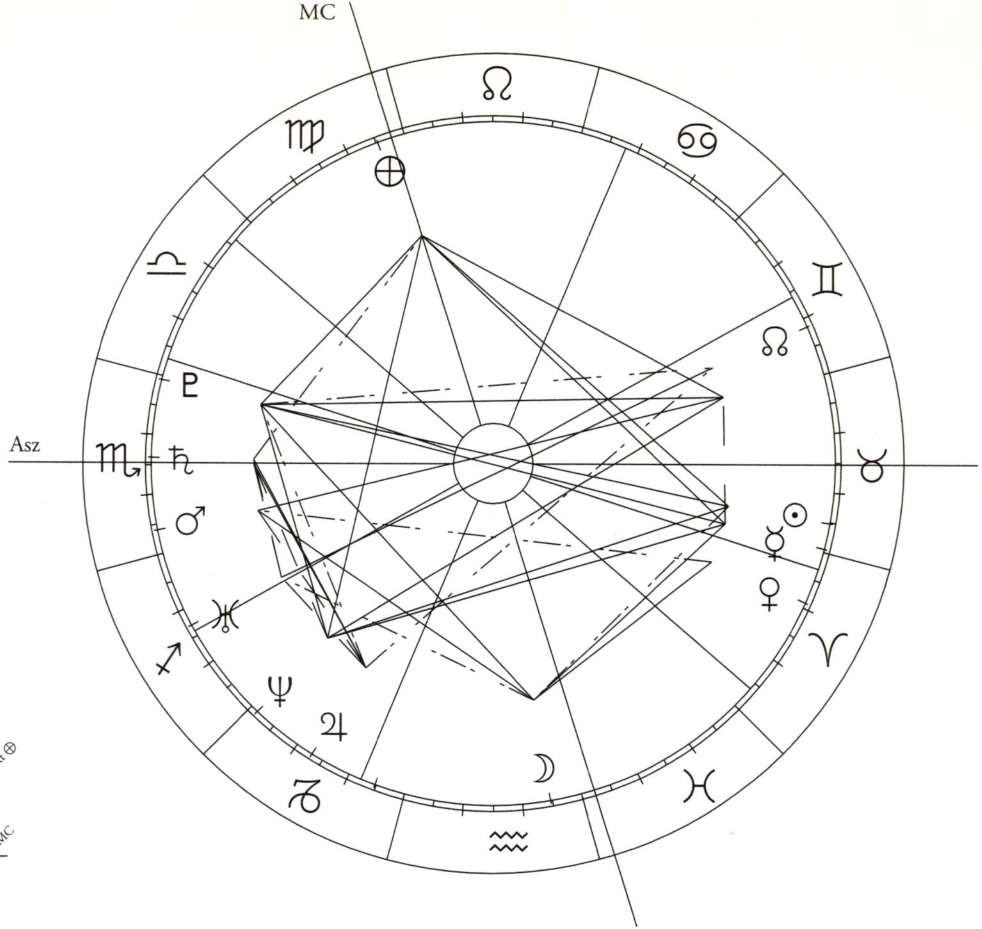

# 8. Zusammenfassung des Gelernten

Schauen wir uns die nebenstehende Abbildung an. Vergleichen Sie sie mit dem, was Sie selbst inzwischen schon alles berechnet haben. Sie werden sehen, daß Sie schon eine ganze Menge an Daten eingezeichnet haben.

Sie werden immer wieder Sachverhalten begegnen, die in diesem Buch nicht behandelt wurden. Dieses Buch ist ausdrücklich als grundlegendes Einsteigerbuch zum Selbststudium konzipiert. Ausführliche astrologische Handbücher oder Lehrbücher zu speziellen Systemen können Sie später immer noch heranziehen. Zunächst ist es wichtig, daß Sie mit einer Anzahl häufige gebrauchter Grundbegriffe vertraut werden. Diese Grundbegriffe sind der wichtige rote Faden, an dem Sie immer wieder anknüpfen können. Sie werden sehen, daß Sie Ihrer Art der astrologischen Arbeit begeistert für Sie neue Techniken und Elemente zufügen werden und sie vielleicht eine Weile später dann wieder weglassen oder aber beibehalten. Der beste Weg ist, den eigenen Weg zu finden.

Jetzt wollen wir alles, was wir uns bisher erarbeitet haben, noch einmal Schritt für Schritt durchgehen:

Wir hatten begonnen mit der *Geburtszeit*. Aus dieser berechneten wir unter Berücksichtigung des gültigen Zeitmaßes die Standardzeit und die *Greenwich Mean Time* (GMT). Mit Hilfe der *Ephemeriden* fanden wir auf Basis der GMT die Planetenstände zur Greenwich-Zeit heraus. In den Ephemeriden ist die Planetenposition für 0 Uhr GMT verzeichnet.
Von der *Ortszeit* aus (= GMT + Breitengradabweichung) berechneten wir die Sternzeit, so daß wir die zugehörige *Himmelmitte* (MC) ermitteln konnten und den breitengradabhängigen *Aszendenten* (auch wanderndes Zeichen genannt). In unserem Beispielhoroskop liegt die Himmelsmitte in der Jungfrau und der Aszendent im Skorpion.

Die Horoskopzeichnung ist ein Grundriß des Tierkreises, so wie wir ihn in Richtung Süden schauend sehen.
Die Linie vom Skorpion zum Stier (vom *Aszendent* zum *Deszendent*) ist der *Horizont*.

Die Linie von der Jungfrau zu den Fischen ist die Linie der *Himmelsmitte* (Medium coeli / MC) zur *Himmelstiefe* (Immum coeli / IC).
Die *Planeten* haben wir berechnet und konnten Sie auf dem entsprechenden Grad des zugehörigen Zeichens eintragen.
Die Verteilung in *Elementen* und *Kreuzen* haben wir auch schon behandelt. Gegebenenfalls sollten Sie sich bei großen Unterschieden die Verteilung übersichtlich notieren. Bei einer relativ gleichmäßigen Verteilung ist das nicht nötig.

Auf den Beispielabbildungen finden Sie links unter in der Ecke neben dem Tierkreis eine Kästchentreppe, worin verschiedene Symbole eingezeichnet sind. Das sind die *Aspekte*. Die Kästchentreppe, nennen wir *Aspektetabelle*. Auf diese Aspekte gehen wir jetzt im folgenden Kapitel genauer ein.

TERRÆ·MO TVS

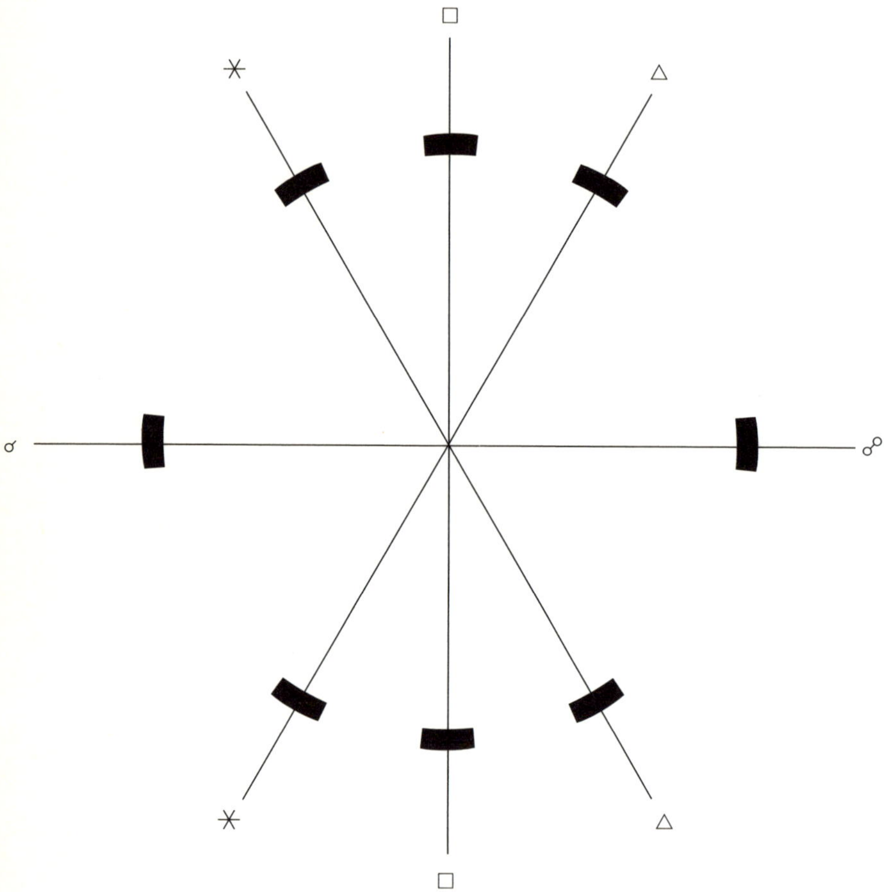
□
⚹
△
☌
☍
⚹
△
□

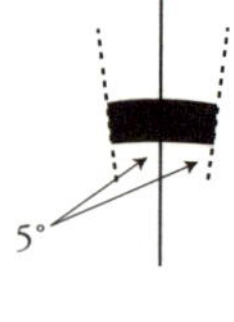
5°

# 9. Die Aspekte

Bei der Besprechung der Elemente hatten wir gesehen, daß Tierkreiszeichen im selben Element miteinander ein Dreieck bilden (Winkel von 120°). Bei den Kreuzen sahen wir, daß die Zeichen miteinander ein Quadrat bildeten (Winkel von 90°). Sie konnten auch einander gegenüber, in Opposition, stehen (Winkel von 180°). Wenn zwei Planeten zusammen einen Aspekt bilden, [d.h. in einem bestimmten Winkel zueinander stehen] bedeutet das eine Mischung ihrer jeweiligen Auswirkungen. In diesem Buch begrenze ich mich auf die Behandlung der meist angewandten Deutungselemente. Die allgemein gebräuchlichen Aspekte (wechselseitige Position zweier Planeten und/oder Aszendent/Himmelmitte) sind:

### *Die Symbolzeichen der Aspekte*

| | | | |
|---|---|---|---|
| ☌ | Konjunktion | Abstand | 0° |
| ☍ | Opposition | Abstand | 180° |
| △ | Trigon | Abstand | 120° |
| □ | Quadrat | Abstand | 90° |
| ⚹ | Sextil | Abstand | 60° |

### *Der Orbis*

Wir sprechen von einem Aspekt nicht nur bei einem Abstand von genau 0°, 60°, 90°, 120° oder 180°, sondern auch noch, wenn der Abstand ein wenig größer oder kleiner als die genannten Werte sind. Den zugelassenen Spielraum nennen wir *Orbis*.

Hierzu einige Beispiele:
Ein Planet, der auf 15° Krebs steht, bildet ein Trigon mit einem Planeten auf 15° Skorpion bzw. 15° Fische. Steht der zweite Planet nun irgendwo zwischen 10° und 20° Skorpion bzw. zwischen 10° und 20° Fische, dann gilt das immer noch als Trigon.

Oder ein Planet auf 6° Widder bildet mit einem Planeten auf 6° Krebs ein exaktes Quadrat. Dieser zweite Planet kann aber auch noch irgendwo zwischen 1° oder 11° Krebs stehen, um ein Quadrat zu formen. Ein Spielraum von +/- 5° zu beiden Seiten dieser 6° Position ist zulässig (6° – 5° = 1° und 6° + 5° = 11°).

## *Berechnung der Aspekte*

Etwas schwieriger ist folgender Fall. Ein Planet steht auf 2° Widder. Er bildet also ein Quadrat mit einem Planeten auf 2° Krebs. Wenn wir den zulässigen Spielraum von +/- 5° nach beiden Seiten einbeziehen, muß der zweite Planet nicht genau auf 2° Krebs stehen, sondern kann auch 5° davor oder danach stehen. 5° nach 2° Krebs ergibt 7° Krebs. 5° vor 2° Krebs ergibt? Das ist schon komplizierter. Wenn wir von 2° Krebs zurückzählen kommen wir nach 2° auf 30° Zwillinge, noch 3° weiter zurück ergibt 27° Zwillinge.
Die Position 2° Widder bildet mit 7° Krebs ein Quadrat, 2° Widder mit 27° Zwillinge rechnerisch auch, wenngleich die Zeichen Widder und Zwillinge selbst kein Quadrat bilden. Werden Sie sich darüber zunächst wirklich klar, bevor Sie weiterlesen.
In vielen Systemen wird den wichtigsten Aspekten, also denen von Sonne, Mond, Aszendent und auch der Himmelsmitte, ein großer Spielraum (Orbis) eingeräumt, bei manchen bis zu +/- 10°. Ein Trigon-Aspekt (genau 120°) darf danach zwischen 110° und 130° liegen.
Zwischen den äußeren Planeten wird oft wechselseitig nur ein kleiner Spielraum berücksichtigt, manchmal von nur +/- 1°. Sie wirken immer viele Jahre und stehen in den Horoskopen von Zeitgenossen dicht beieinander. Sie wirken im Horoskop auf persönlicher Ebene wenn Sonne, Mond, Merkur, Venus, Mars, Aszendent oder MC mit ihnen in Verbindung stehen. Weitergehende Literatur in der Liste am Buchende.[11,21,29]
Manchmal wird auch mit einer Gewichtung der Stärke in Aspektetabellen gearbeitet. Man vergibt eine bestimmte Anzahl von Punkten an den stärksten Aspekt, etwa die Konjunktion, etwas weniger Punkte an die Opposition, noch weniger an das Quadrat und das Trigon, die wenigsten Punkte erhält der schwächste Aspekt, das Sextil.
Auch der jeweils zugestandene Orbis spielt eine Rolle. Ein Spielraum von 5° ist schwächer als ein genauer Aspekt. Ein Quadrat von haargenau 90° wiegt also schwerer als ein Quadrat von 85° oder 95°. Hierzu kann man auch wieder Punkteskalen erstellen, das führt aber hier zu weit. Wir verwenden aus Vereinfachungsgründen ausschließlich einen Spielraum von 5°. Ein Quadrat-Aspekt beträgt exakt 90°. Aber auch zwei Planeten mit einem Abstand von 85° oder 95° ergeben ein Quadrat.

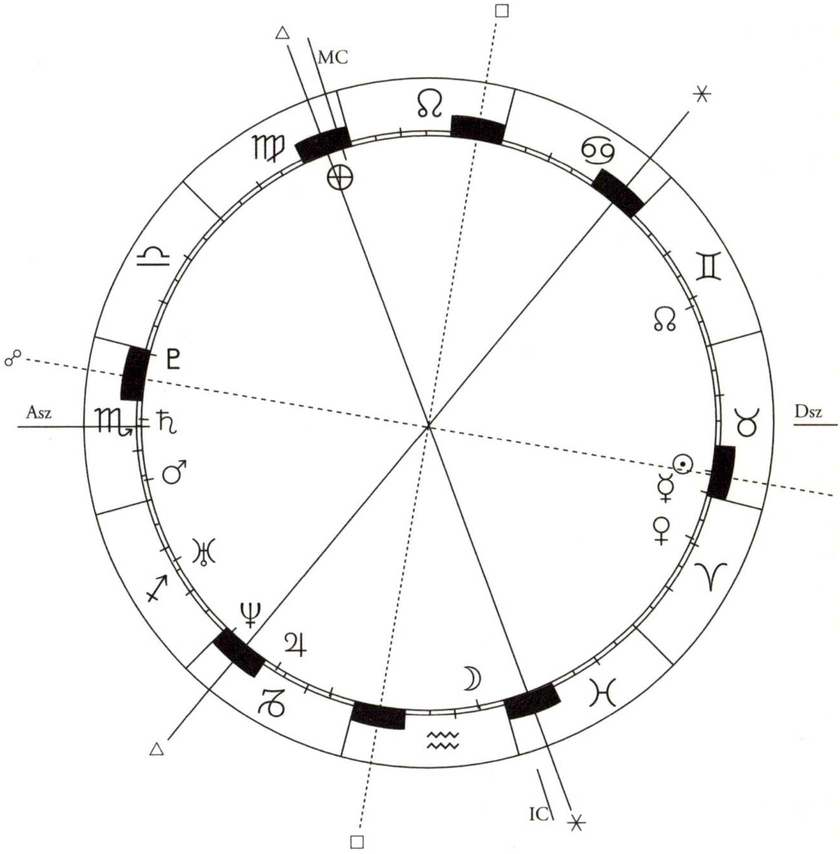
MC
Asz
Dsz
IC

### *Ein praktisches Hilfsmittel: der Aspektfinder*

So fertigen wir uns ein die Arbeit sehr vereinfachendes Hilfsmittel an, den Aspektfinder. Zeichnen Sie mit einem Zirkel auf einer starken, durchsichtigen Kunststoffolie [z.B. Folien für den Overhead-Projektor] einen Kreis. Dieser sollte etwa den gleichen Durchmesser haben, wie der von Ihnen verwendete Horoskopkreis. Bohren Sie jeweils in die Mitte des Kunststoffkreises und des Horoskopkreises ein kleine Loch für eine Heftzwecke.
Auf die Plastikscheibe übertragen Sie die Aspekte so, wie auf der Abbildung auf Seite 63 gezeigt. Die schwarzen Balken stellen jeweils 5° Orbis dar. Wir halten uns für unsere Beispielrechnung an diese Gradzahl. Wenn Sie eine andere Gradzahl als Spielraum für Abweichungen vorziehen, zeichnen Sie diese entsprechend ein. Zeichnen Sie die Aspekte am besten stets in der gleichen Reihenfolge ein, z.B. immer zuerst die Sonne, dann Mond usw. der Reihe nach. So stellen Sie sicher, daß Sie keinen Aspekt vergessen.

Legen Sie die Plastikscheibe auf Ihren Horoskopkreis so, daß Sie die Gradeinteilung und die eingezeichneten Planeten gut erkennen können. Drehen Sie dann die Scheibe so, daß das Konjunktionszeichen auf der Sonne zu liegen kommt. Prüfen Sie dann, ob Planeten (und wenn ja, welche) irgendwo innerhalb der von Ihnen eingezeichneten Aspekt-Orbisse stehen. Wir tun das jetzt bei unserem Beispielhoroskop.

Ganz nah bei der Sonne steht Merkur. Die Sonne bildet also hier eine Konjunktion mit Merkur. Diese Konjunktion können Sie in Ihre Aspektetabelle eintragen: gehen Sie in der ersten Spalte, über der das Sonnenzeichen eingetragen ist, bis zur Zeile Merkur und zeichnen in dieses Kästchen das Konjunktionssymbol ☌ ein.

Sonne und Pluto bilden eine Opposition (die Sonne steht nämlich im Stier und Pluto gegenüber im Skorpion). In das Schnittpunktkästchen von Sonne und Pluto tragen Sie das Oppositionssymbol ☍ ein.

Sonne und Neptun stehen im Trigon zueinander. Auch dieses tragen Sie in die Aspektetabelle mit dem Symbolzeichen △ in das entsprechende Kästchen ein. Sie finden ein weiteres Trigon, daß die Sonne mit dem MC bildet. Sonst bilden weiter keine Planeten andere Aspekte.

Jetzt verfahren Sie auf die gleiche Weise mit dem Mond. Plazieren Sie den Aspektfinder so auf den Horoskopkreis, daß das Konjunktionszeichen auf dem Monde liegt und prüfen Sie nun, welche Aspekte der Mond mit anderen Planeten bildet. Im Sextil finden Sie da die Venus und im Quadrat den

| | ☉ | ☽ | ☿ | ♀ | ♂ | ♃ | ♄ | ♅ | ♆ | ♇ | ☊ | ⊗ | Asz | MC |
|---|---|---|---|---|---|---|---|---|---|---|---|---|---|---|
| Sonne ☉ 4,48' ♉ | | | | | | | | | | | | | | |
| Mond ☽ 24,43' ♒ | | | | | | | | | | | | | | |
| Merkur ☿ 0,27' ♉ | ☌ | ⚹ | | | | | | | | | | | | |
| Venus ♀ 20,55' ♈ | | ⚹ | | | | | | | | | | | | |
| Mars ♂ 26,01' ♏ | | □ | | | | | | | | | | | | |
| Jupiter ♃ 12,55' ♑ | | | | | | | | | | | | | | |
| Saturn ♄ 13,43' ♏ | | | | | | ⚹ | | | | | | | | |
| Uranus ♅ 12,59' ♐ | | | | | | | | | | | | | | |
| Neptun ♆ 1,18' ♑ | △ | | △ | | | | | ⚹ | | | | | | |
| Pluto ♇ 0,38' ♏ | ☍ | △ | ☍ | | | | | | ⚹ | | | | | |
| Mondknoten ☊ 8,27' ♊ | | | | | | | | ☍ | | | | | | |
| Glückspunkt ⊕ 4,37' ♍ | △ | | △ | | | | | | △ | ⚹ | □ | | | |
| Asz 14,41' ♏ | | | | | | ⚹ | ☌ | | | | | | | |
| MC 2,09' ♍ | △ | | △ | | | | | | △ | ⚹ | | ☌ | | |

Mars. Zeichnen Sie die entsprechenden Aspektsymbole in die jeweiligen Kästchen Ihrer Aspektetabelle ein.
Der nächste Planet in der Reihe, Merkur, hat mit Sicherheit eine Konjunktion zur Sonne.

Arbeiten Sie nun auf die gleiche Weise die Planeten nacheinander durch. Wenn Sie zweifeln, ob der Orbis nicht überschritten wird, dann zählen Sie auf dem Horoskopkreis die Grade sicherheitshalber nach. Mit ein bißchen Übung geht die Aspektsuche bald spielend leicht von der Hand. Prüfen Sie, ob Ihre Ergebnisse mit dem Beispielhoroskop übereinstimmen. Beachten Sie bitte: im Beispielhoroskop wurde mit leicht größerem Orbis gearbeitet, daher wurden auch einige Aspekte mehr gefunden.

### *Einzeichnen der Aspekte ins Horoskop*

Wir tun nun einmal so, als sei das Beispielhoroskop unser eigenes Geburtshoroskop. Im Kapitel 2 hatten wir die Kurzcharakteristiken der Tierkreiszeichen in zwei Kategorien unterteilt: in positive und negative Charakterzüge. Gleiches können wir auch mit den Aspekten tun.
Es gibt verschiedene Arten von Aspekten, von denen jeder eine andere Auswirkung hat. Beim Einzeichnen verdeutlichen wir dies durch Verwendung unterschiedlicher Farben, in denen die Aspektzeichen eingetragen werden.

- die **Konjunktion** ist *ambivalent*; dieser Aspekt kann Spannungen verursachen, sich aber auch harmoniestiftend auswirken; die Konjunktion zeichnen wir in der Farbe *grün* ein.
- das **Trigon** wirkt *stark harmonisierend*, das **Sextil** auch, allerdings abgeschwächt; für diese beiden Aspekte verwenden wir die Farbe *blau* (Manche Astrologen verwenden grün und blau genau andersherum als wir. Für die Deutung ist das unerheblich)
- die ***Opposition*** ist ein *Spannungsaspekt*, ebenso das ***Quadrat***. Diese Aspekte zeichnen wir in *rot*.

Wenn Sie daran gehen, Ihr eigenes Horoskop auszurechnen, sehen Sie vielleicht eine Menge Blau. Glauben Sie dann nicht, daß Sie ein geistig ausgereifter Mensch seien. Dasselbe Geburtshoroskop hatten Sie schon, als Sie noch in den Windeln lagen!
Wenn Sie viel Rot darin sehen, brauchen Sie keine Angst zu haben, daß da etwas mit Ihnen nicht stimmt. Schon als unschuldiges Baby hatten Sie dieses viele Rot im Horoskop.
Das Horoskop zeigt unsere Potentiale, unsere Möglichkeiten! Wie wird uns dann tatsächlich entwickeln, hängt – im Rahmen unserer natürlichen Grenzen – davon ab, was wir selbst daraus machen.

Viel Blau macht alles etwas einfacher, kann uns aber auch faul, oberflächlich und lax machen, wenn wir uns zu sehr von den Umständen treiben lassen.
Viel Rot verursacht in der Tat Spannungen. Aber wenn wir die zu beherrschen lernen, werden sie eine Quelle der Selbsterkenntnis, der Weisheit und Kraft.

*Merke*
- die Konjunktion ist der stärkste Aspekt, danach folgt die Opposition
- das Quadrat und das Trigon wirken etwas weniger stark
- das Sextil wirkt von den genannten am schwächsten

Zuweilen bilden Planeten eine Kombination von Aspekten: das führt im 360°-Horoskopkreis zu allerlei schönen Figuren. Ein solcher Fall ist etwa der „Flieger". Diese Figur entsteht, indem die Opposition von Sonne/ Merkur mit Pluto durch harmonische Aspekte mit MC und Neptun aufgefangen wird. In einer solchen Kombination ergeben sich genügend Möglichkeiten, um Spannungen aus der Opposition zum Guten zu wenden. Diese Kombination finden Sie übrigens auch in der Aspektetabelle auf unserem Horoskopformular.

Die Opposition von Sonne/Merkur mit Pluto kann dazu führen, daß man sich zu kämpferisch, zu fanatisch mit seiner ganzen Person (Sonne) einbringt oder daß man verbohrt die eigenen Ideen (Merkur) durchsetzen oder starrsinnig daran festhalten (Pluto) will. Das Faktum, daß diese Planeten in den fixen Zeichen stehen, verstärkt dies nur noch. Siehe zu weiteren Aspektfiguren z.B. Literaturliste[19a].
Lesen Sie noch einmal nach, was wir oben über die Charaktere der Zeichen und Planeten gesagt haben und versuchen Sie selbst Zusammenstellungen zu deuten. Wenn Sie aus sich selbst heraus langsam die Zusammenhänge begreifen und verstehen, ist das viel besser, als irgendeinem künstlichen System zu folgen.

Wir sehen auch, das der Planet Saturn in Konjunktion zu dem Aszendenten steht. Der Aszendent zeigt an, wie man „rüberkommt", wie man auf andere wirkt. Saturn ist ernsthaft, macht keine Kompromisse, macht introvertiert. Das hatten wir schon früher festgestellt.

Neptun kann hier auffangen, was zu gradlinig werden könnte. Neptun gibt Einsicht, das nötige „Feeling".
Die Opposition zwischen Sonne/Merkur und Pluto wird auch überbrückt durch den MC. Neptun steht im Trigon zum MC. Die geistigen Werte reden ein Wörtchen mit (Neptun im Trigon mit der Sonne). Die Angelegenheiten können durchschaut werden durch das Trigon Neptun mit Merkur.
Dies Kombination von Aspekten wirkt auch hinein in die gesellschaftliche Umgebung, den MCe. Möglicherweise wird zuviel von der Gesellschaft erwartet. Neptun steht jedenfalls für sehr hohe Erwartungen.

Versuchen Sie nun selbst, welche Schlüsse Sie aus unserem Beispielhoroskop ableiten können.

Der Tierkreis nach Albrecht Dürer (1515)

# 10. Berechnung von Mondknoten und Glückspunkt

Ich habe wiederholt darauf hingewiesen, daß Sie weitere Elemente der Astrologie verwenden können, wenn Sie erst einmal mit den ersten Basisbegriffen vertraut sind.
Viele Astrologen verwenden z.B. im Geburtshoroskop die *Häuser*, die *Mondknoten* oder den *Glückspunkt* (auch Pars Fortunae genannt).
Wenn ich selbst dies (wie viele andere) einzig in der Stundenastrologie tue, so hindert nichts Sie daran, diese Elemente auch für das Geburtshoroskop anzuwenden.
Es geht hier nicht darum, welches das beste System ist (das hat man in all den vergangenen Jahrhunderten noch nicht herausgefunden). Vielmehr geht es darum, daß Sie Resultate erzielen, mit denen Sie sich selbst und anderen weiterhelfen können. Das wichtigste ist, daß Sie dem Horoskop Sachverhalte entlocken, in denen Sie sich oder andere erkennen können. Im Laufe der Jahre findet jeder seinen eigenen Königsweg des Horoskopaufbaus.

Die *Mondknoten* finden Sie in den Ephemeriden. Was sind nun die Mondknoten? Ich sagte bereits, daß die Erde und die anderen Planeten sich um die Sonne drehen, mehr oder weniger in einer Ebene, der sogenannten Ekliptik. Die Fixsterne, die auch auf dieser Ebene liegen (die sich in die Unendlichkeit fortsetzt), bilden die zwölf Zeichen des Tierkreises.
Der Mond umkreist die Erde und diese Kreisebene liegt nicht genau auf der Ekliptik der Planeten, sondern etwas schief dazu. Wo die beiden Kreisbahnen sich schneiden, liegen die Punkte, die wir Mondknoten nennen.
Ich nutze die Mondknoten im Geburtshoroskop immer dann, wenn Sonne und Mond in Konjunktion oder Opposition zueinander stehen und miteinander auf den Mondknoten. Das bedeutet dann, alles liegt auf einer Linie, so daß wir eine Sonnen- oder Mondfinsternis haben. Die Konjunktion oder Opposition von Sonne und Mond haben dann keinen Breitengradunterschied. Für mein Gefühl wirken Sie dann viel stärker.
Die Mondknoten werden meistens in Zusammenhang mit Kontakt zu anderen gebracht. Die Mondknoten sind ja die Synthese von Sonne und Mond.
Die *Häuser* und der *Glückspunkt* werden auch regelmäßig verwendet. Mehr dazu finden Sie in Kapitel 15 (Stundenastrologie).

Der *Glückspunkt* oder Pars Fortunae zeigt an, worin Sie ihr Glück finden können. Weil ich immer wieder erfahren habe, daß die Auffassung von dem, was Glück ist, sich im Leben immer wieder verändert, verwende ich den Glückspunkt nur in der Stunden- oder Fragenastrologie, die ausschließlich Bezug auf eine bestimmte Situation oder Fragestellung hat. Lassen Sie sich aber nicht davon abhalten, Ihre eigenen Auffassungen und Erfahrungen in Ihrer Arbeit zu nutzen.

Es gibt ein einfaches Hilfsmittel, den Glückspunkt zu berechnen:

- nehmen Sie die Plastiksscheibe, die wir zum Finden der Aspekte angefertigt haben; legen Sie sie so auf das Horoskop, daß das Konjunktionszeichen auf der Sonne liegt

- schauen Sie nun, wo der Mond steht und markieren Sie seine Position auf der Plastikscheibe (verwenden Sie einen wasserlöslichen Filzschreiber, um die Markierung später wieder entfernen zu können)

- drehen Sie nun das Konjunktionszeichen zum Aszendenten Ihres Horoskops; die Stelle, wo nun die Markierung, die Sie zuvor bei der Mondposition gemacht haben, zu liegen kommt, ist die Position des Glückspunktes

- der Glückspunkt ist die Synthese von Sonne, Mond und Aszendent

Ab dem nächsten Kapitel beginnen wir mit der Interpretation des Horoskops. Hoffentlich sind Sie inzwischen einigermaßen vertraut mit den genannten Fachbegriffen und Symbolen, denn die werden Sie nun brauchen.

# 11. Die Deutung der Planeten in den Tierkreiszeichen

Im Laufe vieler Jahre reiste ich kreuz und quer durchs Land und hielt Astrologie-Seminare und Vorträge an vielen Orten. Besonders die Kurse an den Volkshochschulen waren sehr nützlich für mich. Durch den Austausch mit den Kurteilnehmern und die gemeinsame Analyse ihrer Horoskope während der Unterrichtsstunden wurde mir immer klarer, welche Herangehensweise an Astrologie die Geeignetste ist.
„Einfachheit ziert" ist die goldene Regel. Demjenigen, der Astrologie von Grund auf lernen will, ist nicht damit geholfen, alle möglichen Regeln und Vorschriften vorgesetzt zu bekommen. Im Gegenteil, dadurch verliert er nur den Weg aus den Augen. Ich traf eine sich im Laufe der Jahre als richtig herausstellende Entscheidung, mit der man bequem arbeiten kann. Ich selbst richte mich vor allem nach den alten Astrologen wie Ptolemäus, Campanus oder Lilly. Von den moderneren übernehme ich gerne von denen etwas, die jahrelange Praxiserfahrungen vorweisen können, wie z.B. den Ebertins, die seit Generationen in derselben Tradition arbeiten. Aus all den Vorbildern traf ich meine Auswahl.
Das soll nun aber nicht bedeuten, daß die astrologischen Themen und Fakten, die ich in diesem Buch nicht behandele, wertlos sind. Mit einer soliden Grundlage werden Sie in der Lage sein, jederzeit selbst ihre Richtung zu bestimmen. Es geht ja hierbei darum, daß wir uns selbst und anderen Einsicht verschaffen können in unser Wesen, in die Art und Weise, wie wir an unsere Probleme herankommen und wie wir ihnen begegnen können. Wie schon gesagt, geht es nicht darum, ein astrologisches System als das Beste zu bestimmen. Was das Beste für Sie ist, bestimmen Sie selbst. Das ist eine sehr persönliche Angelegenheit.

Bei der Beurteilung eines Horoskops müssen wir alle Einzelheiten sorgfältig miteinander vergleichen und gegeneinander abwägen. Wir beginnen mit der Sonne und ihren Aspekten. Danach analysieren wir den Mond, Merkur, Venus, Mars, den Aszendenten und die Himmelstiefe mit der gleichen Gewissenhaftigkeit. Jede dieser Einzelheiten sagt etwas über ein bestimmtes Lebensgebiet aus und über unsere Reaktionen auf Basis unseres Wesens bzw. dessen, was wir uns zu eigen machen. Später werde ich einige Beispiele dafür vorstellen.

Doch zuerst werden wir die Planeten in den Tierkreiszeichen in der Reihenfolge der Elemente gesondert besprechen. Daran schließen sich die Aspekte an.

Die Planeten und ihre Position in den Tierkreiszeichen sind nach den Elementen geordnet und zwar in der Reihenfolge: *kardinal, fix, veränderlich.*

## Die Sonne ☉

Die Sonne symbolisiert die Selbstentfaltung, das Ich, den Kern unseres Wesens. Sie verweist auf dasjenige, was den Menschen zu einem bewußten Wesen macht. So wie die Planeten ihre Bahnen um die Sonne vollenden, so führen unsere Erfahrungen zur Vollendung unseres Selbst. Die Sonnen ist die Quelle unserer Lebenskraft. Sie strahlt Vitalität aus. Die Sonne erzählt uns daher auch etwas über unsere Lebens- und Widerstandskraft, über unsere Konstitution, unseren Gesundheitszustand, die Lebenslust und den Lebensmut.
Wenn die Sonne schwierige Aspekte hat (also eine Opposition oder ein Quadrat), kann dies etwa zu Selbstüberschätzung führen, zu einer verlangsamten Entwicklung des eigenen Wesens in Abhängigkeit von den anderen Planeten und Aspekten, die damit in Zusammenhang stehen. Das Tierkreiszeichen, in dem die Sonne steht und die Aspekte, welche die Sonne im speziellen Horoskop hat, sagen etwas über die Möglichkeiten aus, die unser Wesen hat, sich zu entwickeln.

Menschen mit der ***Sonne in den Feuerzeichen*** ist am besten gedient, wenn sie die Chance auf Eigeninitiative und Selbständigkeit bekommen. Es muß allerdings darauf geachtet werden, daß dies nicht völlig ungelenkt und ungezügelt geschieht.
Die *Sonne in Aries (Widder)* gibt die Fähigkeit an, den Knoten zu durchschlagen, die Initiative zu ergreifen. Zu große Impulsivität und Übermut können die negativen Folgen sein, wenn die starke Energie nicht auf ein Ziel gerichtet wird.
Die *Sonne in Leo (Löwe)* eröffnet optimale Möglichkeiten, seine Eigenart zur Entfaltung zubringen, die Führung zu übernehmen. Im Gegenzug drohen übergroße Eitelkeit, Geltungssucht und Anmaßung, wenn die Energie zu sehr auf die eigene Person ausgerichtet wird.
Die *Sonne in Sagittarius (Schütze)* steht für die Fähigkeit, sich für seine Ideale einzusetzen und für das zu kämpfen, was einem wichtig ist. Übertreibung und Fanatismus können als Folge auftreten, wenn die eigenen Vorstellungen rücksichtslos anderen übergestülpt werden.

Für Menschen mit der ***Sonne in Erdzeichen*** ist es vorteilhaft, alles ruhig und beizeiten anzugehen und dabei Sicherheiten zu schaffen. Allerdings sollten sie Obacht geben, nicht zu materialistisch und faktenorientiert zu werden.
*Sonne in Capricornus (Steinbock)* verleiht die Fähigkeit, mit großem Pflichtbewußtsein und Durchhaltevermögen den Weg zu gehen, den man als den seinen ansieht. Andererseits neigen diese Menschen leicht zu Einseitigkeit und dazu, von sich und anderen zuviel zu verlangen und geradezu Raubbau zu betreiben.
*Sonne in Taurus (Stier)* steht für Beharrlichkeit und Geduld. Man wartet lieber ab, als seinen Willen direkt durchzusetzen. Die Kehrseite der Medaille ist ein starker Konservatismus und auch Trägheit, um alles so zu belassen, wie es ist. Veränderungen stoßen auf große Widerstände bis hin zu Jähzornattacken, wenn die Bequemlichkeit gestört wird.
*Sonne in Virgo (Jungfrau)* zeigt das Bestreben an, alles genau auf die Reihe zu bekommen. Hohe Forderungen an Genauigkeit und Nützlichkeit werden gestellt. Das macht die Jungfrau außerordentlich vertrauenswürdig. Wenn dieses Streben aber ins Extrem umschlägt, geht alles verloren, was dem Leben das nötige Flair gibt, weil es schlicht für unnütz angesehen wird. Das kann zu einer gewissen Dürre im Leben und zu Unzufriedenheit führen. Man wird kleinkariert und nichts ist gut genug.

Menschen mit der ***Sonne in Luftzeichen*** haben die besten Chancen, wenn sie alles in gegenseitigem Einvernehmen lösen können. Das Leben sollte nicht zu schwer genommen werden. Zu große Oberflächlichkeit und Gedankenlosigkeit können bei Luftzeichen auftretende Nachteile sein.
*Sonne in Libra (Waage)* zeigt die Fähigkeit des taktvollen Umgangs mit anderen. Eine angenehme Atmosphäre ist gewünscht, anders funktioniert man nicht und kommt vom Kurs ab. Gute Diplomaten, die jederzeit das richtige Wort zu finden wissen. Als Nachteil steht die Neigung, Schwierigkeiten aus dem Weg zu gehen und zu versuchen, es immer allen recht zu machen.
*Sonne in Aquarius (Wassermann)* strebt an, jedermann gleich zu behandeln. Soziale Einstellung, und Gespür für die Gruppe und Teamarbeit. Als Gefahr droht, auch Menschen, die anders sind, auf demselben Niveau zu sehen. Das kann zu Unverständnis und chaotischen Kontakten führen.
*Sonne in Gemini (Zwillinge)* steht für große Vielseitigkeit, Anpassungsvermögen und die Fähigkeit überall und über alles mitzureden. Oberflächlichkeit und die Unart, um des eigenen Vorteils willen das Mäntelchen in den Wind hängen, sind negative Ausprägungen dieser Konstellation.

Menschen mit der ***Sonne in Wasserzeichen*** entwickeln sich am besten, wenn das Gefühlsleben einen zentralen Platz im Leben einnimmt. (Achten Sie vor allem darauf, wo und wie der Mond steht!). Man möchte irgendwo dazugehören, einen sicheren Hintergrund haben. Nachteilig ist die emotionale Abhängigkeit von anderen, auf die man sich zu sehr stützt. Was ein Wasserzeichen einmal als Verrat betrachtet hat, wird selten vergessen, besonders vom fixen Zeichen Skorpion.

*Sonne in Cancer (Krebs)* steht für die Fähigkeit und das Bedürfnis, sich für das einzusetzen, für das man sich emotional verantwortlich fühlt, für alles, wo man dazu gehört. Übergroße Kritik und Gekränktheit [bis hin zu Rachegefühlen] kann die Folge sein, wenn ein Krebs das Gefühl hat, das ein emotional nahestehendes Wesen sich zu lösen versucht. Die eigene sichere Umgebung droht dadurch gestört zu werden. Tagträumereien können dann trügerisch, die entstandene Leere auffüllen.

*Sonne in Scorpio (Skorpion)* erlebt Gefühle sehr intensiv, ohne sie jedoch besonders gut äußern zu können. Skorpione sind loyal und fordern unbedingte Loyalität auch von anderen, wodurch Enttäuschungen drohen. Illoyalität wird als Verrat angesehen, worauf rachsüchtig reagiert wird.

*Sonne in Pisces (Fische)* steht für das Bedürfnis nach Träumen, den Hang, jedermann zu vertrauen und zu glauben. Nachteilig wirkt sich die große Verletzlichkeit aus, weil man immer an das Gute glaubt. Gefahr des Aberglaubens, des Tagträumens und des Lebens in Phantasiewelten, wenn die Wirklichkeit zu schwierig wird.

## Der Mond ☽

Der Mond berichtet uns etwas über unsere Gefühle, das emotionale Leben. Hier finden wir, was wir während unserer Säuglingszeit erfahren haben und was daher meist im Unbewußten verankert ist. Darunter verstehen wir etwa das Band zwischen Mutter und Kind oder zwischen Versorger und Schützling.

Bei schwierigen Aspekten kann der Mond etwas über Entwicklungsstörungen in der Jugend, emotionale Probleme und Schwierigkeiten in Gefühlsangelegenheiten aussagen.

Das Zeichen, in dem der Mond steht und seine Aspekte sagen etwas über die Art und Weise aus, wie wir mit unseren Gefühlen und Instinkten umgehen. Auch darüber, wie wir mit unseren Eltern und Kindern und mit denjenigen umgehen, für die wir verantwortlich sind. Und schließlich zeigen sie uns das, was uns emotionales Wohlbefinden beschert.

Unsere ersten Eindrücke erleben wir instinktiv (ohne darüber nachzudenken). Auch das gehört zum Mond.

Der ***Mond in Feuerzeichen*** hat starke Impulse, die Gefühlswallungen kommen ganz direkt. Man ist schnell begeistert. Ob das so bleibt, hängt vom Rest des Horoskops ab.
*Mond in Aries (Widder)* will sofort loslegen, wenn ihm eine Idee kommt. Zu große Impulsivität bedarf der Zügelung und der Kontrolle, sonst wird man Zeit seines Lebens ständig Neues anfangen und nichts zu Ende bringen.
*Mond in Leo (Löwe)* zeugt von starkem Verantwortlichkeitsgefühl gegenüber Schwächeren. In der Familie braucht er Aufgaben. So zählt er etwas. Eitelkeit und aufbrausende Aggressionen, wenn man das Gefühl hat, nichts zu bedeuten, sind Nachteile dieser Konstellation.
*Mond in Sagittarius (Schütze)* braucht ein Ziel, eine Aufgabe, in der er aufgehen kann. Zusammen mit anderen ein solches Ziel zu verfolgen ist wichtig. In Jugendvereinigungen, in Natur- und Umweltschutz oder dergleichen werden diese Kinder sich aufgehoben fühlen und großen Einsatz zeigen. Als Nachteil können sich Besessenheit von seinem Ziel bzw. seiner Aufgabe und der Hang, andere mit aller Macht zu missionieren, herausstellen.

Der ***Mond in den Erdzeichen*** steht für das Bedürfnis nach festen Gewohnheiten in der Familie. Will man sich wohl fühlen, dann sollten da nicht zu viele Veränderungen stattfinden. Vorsicht, daß man nicht an Gewohntem kleben bleibt.
*Mond in Capricornus (Steinbock)* bedeutet schon früh ein großes Verantwortlichkeitsgefühl, verbunden mit der Gefahr, nicht loslassen zu können, was man sich einmal angewöhnt hat. Das kann auch zu emotionalen Blockaden führen.
*Mond in Taurus (Stier)* strebt sehr nach komfortabler Umgebung. Unruhe und Veränderungen werden wo immer möglich vermieden. Wenn man sich bedrängt fühlt, können Wutausbrüche als Folge auftreten, für die man sich hinterher schämt.
*Mond in Virgo (Jungfrau)* braucht eine ordentliche und solide geregelte Umgebung. Man liebt es aufgeräumt (ob man selbst für diese Ordnung sorgt, hängt wieder von den anderen Elementen des Horoskops ab). Die Gefühle werden beherrscht und man ist nicht so leicht für etwas zu begeistern. Doch wenn man die Gefühle zu sehr beherrscht, kann man auch gefühlskalt werden.

Der ***Mond in den Luftzeichen*** braucht eine sorglose, freie Umgebung, um sich wohl zu fühlen. Schwierigkeiten werden am liebsten übersehen.
*Mond in Libra (Waage)* sucht sich eine harmonische Umgebung, die geschmackvoll eingerichtet sein und Flair haben sollte, vor allem aber von jeglichen Problemen unbelastet ist. Im negativen Fall versucht man, es um des lieben Friedens willen jedem recht zu machen.

*Mond in Aquarius (Wassermann)* fühlt sich in einer Gruppe Gleichgesinnter am wohlsten. In der Familie wird jeder gleich behandelt. Die Gefahr besteht in einer gewissen Vorwitzigkeit. Was einem selbst am besten gefällt, muß auch allen anderen gefallen.
*Mond in Gemini (Zwillinge)* paßt sich an. Er neigt dazu, dem nachzureden, der gerade den Ton angibt. Verlogenheit aus Gewohnheit kann die Folge sein, wenn das Fähnchen zu häufig in den Wind gedreht werden muß.

Der ***Mond in den Wasserzeichen*** hat ein großes Bedürfnis nach Sicherheit. Er will wissen, woran er ist, sonst fühlt er sich nicht wohl.
*Mond in Cancer (Krebs)* setzt sich sehr für alles ein, was emotionale Sicherheit verschafft. Er braucht auch etwas, wofür er sorgen kann. Bevormundung und aufdringliche Fürsorge können negative Folgen sein.
*Mond in Scorpio (Skorpion)* ist sehr treu in Gefühlsbindungen. Er klammert aber oft und reagiert eifersüchtig, wenn das Gegenüber nicht die gleiche Treue zeigt. Die gefühlsmäßige Verbundenheit ist sehr groß, wenngleich das nur selten ausgesprochen wird. Groll, Haß und aufwallende Emotionen sind da oft die Kehrseite.
*Mond in Pisces (Fische)* steht für einen überbordenden Reichtum an Gefühlen. Er hängt schnell emotional an jemandem und will Verantwortung gerne aus den Händen geben. Er glaubt an das Gute und vertraut darauf, das sich im Leben schon alles zum Besten kehren wird. Dieser Mondstand zeigt aber auch Aberglaube, Leichtgläubigkeit und eine starke Abhängigkeit an, besonders, wenn in der Jugend Sicherheitsbedürfnisse einerseits und Unsicherheiten andererseits zu sehr betont werden.

## Merkur ☿

Merkur ist der Planet der Kommunikation, des Wissens und des Intellektes. Er hat daher zu tun mit allen weniger intimen Kontakten, mit der Art zu sprechen und zu denken.
Wenn Merkur schwierige Aspekte hat, kann das auf Lernschwierigkeiten, Kontaktstörungen, Trägheit oder im Gegenteil Hypernervorsität im Denken, Lernen oder Sprechen deuten. Merkur ist der Gott der Händler und der Diebe. Er hat positive wie negative Wirkungen, so wie jeder Planet: es kommt darauf an, was man daraus macht.

***Merkur in den Feuerzeichen*** ist schnell entschlossen und fähig, Probleme anzupacken. Vorsicht aber, daß man nicht gleich unbesonnen mit seiner Meinung bei der Hand ist.

*Merkur in Aries (Widder)* entschließt sich schnell und ist dann wieder fort. Das kann zu Unverantwortlichkeit und dem vorschnellen Glauben, daß man eh schon Bescheid weiß, führen.
*Merkur in Leo (Löwe)* wird bemüht sein, in Sprechen und Denken würdevoll zu erscheinen, gut abzuschneiden. In übertriebener Form geht das leicht in Aufschneiderei über, um etwas zu gelten, sich der Bewunderung anderer zu versichern.
*Merkur in Sagittarius (Schütze)* begeistert sich schnell für etwas und wird versuchen, dies in Wort und Schrift auch zu verbreiten, zu missionieren. In der Übertreibung wird das leicht zu Aufdringlichkeit und zur Schaumschlägerei mit Worten mit dem Ziel, anderen seine eigenen Vorstellungen aufzuzwingen.

**Merkur in den Erdzeichen** reagiert etwas träger, denkt und lernt langsamer, aber vergißt das einmal Gelernte auch nicht so schnell wieder. Insgesamt hat diese Konstellation eine Neigung zur Trägheit im Denken und Schwierigkeiten in der Kontaktfähigkeit.
*Merkur in Capricornus (Steinbock)* denkt rein faktisch und dabei konservativ. Auf sein klares und ehrliches Urteil ist Verlaß. Die Kehrseite ist Starrsinn und mangelndes Anpassungsvermögen.
*Merkur in Taurus (Stier)* richtet sich gerne in seinen Gewohnheiten ein. Er denkt langsam, hat aber gute Sachkenntnis. Wo aber schnelle Reaktionen auf Veränderungen gefragt sind, kommt er nicht mit. Starrsinn und Jähzorn drohen dann.
*Merkur in Virgo (Jungfrau)* beurteilt alles vorzugsweise nach seiner Nützlichkeit. Sehr objektiv und sehr zuverlässig, wo es auf Details ankommt. Die Gefahr besteht jedoch, daß alles zu sehr nach seiner Nützlichkeit beurteilt wird, Geld nur unter größtem Zähneknirschen ausgegeben wird, wenn die Ausgabe nur dem Vergnügen dient. Unzufriedenheit und Grantigkeit sind dann oft Ergebnisse solchen Geizes gegen sich selbst.

***Merkur in den Luftzeichen:*** hier ist vor allem die lange Leine gefragt. Eine freizügige, leichtfüßige und offene Denkweise muß hier ihre Chance bekommen. Keine strenge Schule, kein trockener Lernstoff. Alles muß spielerisch zu fassen sein, dann fällt das Lernen leicht. Das kann im negativen Fall aber auch zu großer Sorglosigkeit und unbesonnener Urteilsbildung bedeuten.

*Merkur in Libra (Waage)* kann geschickt in Zwistigkeiten vermitteln und findet jederzeit ein passendes Wort der Beschwichtigung. Vorsicht, daß man nicht jedem nach dem Mund redet!
*Merkur in Aquarius (Wassermann)* ist jederzeit offen für neue Ideen. An trockenem Lernstoff verliert er schnell das Interesse. Dabei hat er ein ausgeprägtes Talent für Technik und alles, wozu es Erfindungsreichtum braucht. Für ihn ist es wichtig mit Gleichgesinnten zusammen zu sein. Als Kehrseite zeigen sich zuweilen innere Unruhe und der Hang, jeder neuen Idee nachzujagen. Dazu die Gefahr, sich in seinen Ansichten zu sehr an der Gruppe zu orientieren (Stichwort: Jugendbanden, Gangs).
*Merkur in Gemini (Zwillinge)* ist ein flinker Lerner, eine routinierter Sprecher und ein gescheiter Denker. Er ist nicht auf den Mund gefallen und nutzt das gerne zu seinem Vorteil aus. Verschlagenheit, Verlogenheit und dem anderen aus Spaß an der Freude ein Schnippchen zu schlagen sind die unangenehmen Kehrseiten.

***Merkur in den Wasserzeichen*** urteilt nach seinem Gefühl. Objektiv zu denken ist für ihn schwierig.
*Merkur in Cancer (Krebs)* hängt sehr an der Vergangenheit. Was alt ist und vertraut, ist auch gut. Das Interesse gilt dem Alten, das Neue schreckt ab. Hier besteht die Gefahr, in Sentimentalität zu versinken.
*Merkur in Scorpio (Skorpion)* denkt scharf und beobachtet genau. Allerdings bezieht er allzu leicht alles auf sich. Was gegen seine Sichtweise verstößt wird unbarmherzig beseitigt. So schützt der Skorpion seine Sicherheitszone.
*Merkur in Pisces (Fische)* paßt sein Denken an das der anderen an und ist damit leicht zu beeinflussen. Träumt von einer besseren Welt, wenn er die Realität als zu hart empfindet. Tagträumereien und die Dingen nicht so sehen wollen, wie sie sind, können hier gefährlich werden. Obendrein können derart traumtänzerische Menschen leicht mit einer rührseligen Geschichte auf den Leim geführt und betrogen werden.

## Venus ♀

Venus zeigt uns, wie wir das Leben angenehm gestalten können. Freundschaften schließen, Hobbys frönen, verliebt sein, das Leben genießen.
Alles was mit Schönheit, Charme, Freundlichkeit und Beliebtheit zu tun hat, steht im Zeichen dieses Planeten. Auch das, was man nur dafür hält, gehört hierher.
Wenn Venus schwierige Aspekte hat, kann das auf einen Überschuß oder ein Defizit in der Fähigkeit deuten, daß Leben zu genießen. Das hängt vom aspektierenden Planeten und vom Tierkreiszeichen ab. Mit disharmonischen Aspekten weist Venus auf Genußsucht, Faulheit, Bequemlichkeit und Nasch-

haftigkeit hin. Oder aber auf durch zu große Passivität bedingten Schlendrian, an dem man sogar hängt, obwohl für die Weiterentwicklung die Aufgabe dieses Schlendrians notwendig ist.

***Venus in den Feuerzeichen*** läßt uns ganz leicht irgendein Vergnügen finden. Die Gefahr besteht allerdings darin, daß man dauernd auf der Suche nach neuen Amüsements ist.
*Venus in Aries (Widder)* begeistert sich schnell für etwas, hat aber auch genauso schnell wieder genug davon. Freundschaften werden ebenso schnell geschlossen wie aufgelöst, nur um sich gleich in das nächste Abenteuer zu stürzen. Genauso geht es auch mit Hobbys.
*Venus in Leo (Löwe)* trachtet danach, mit Freunden Ehre einzulegen. Sucht sich Hobbys, mit denen er Aufmerksamkeit erwirbt. Hat einen guten Geschmack. Protzerei, der Hang, andere auszustechen und sich seine Freunde wie Statusobjekte auszusuchen, sind die negativen Seiten.
*Venus in Sagittarius (Schütze)* sucht sich Freunde und Hobbys danach aus, ob sie das Bedürfnis nach Lebenserfüllung darin finden kann. Freude an der freien Natur, Freude am Philosophieren sind ihre Passion. In übertriebener Form besteht die Gefahr des ausschweifenden Schwadronierens „just for fun" und der Jagd nach kleinen Abenteuern aus gleichem Grund.

***Venus in den Erdzeichen*** hält fest, was sie hat. Sie ist in Freundschaften zuverlässig und treu und auch in ihren Hobbys alles andere als unbeständig. Sie kann sich aber auch sehr schlecht von etwas lösen, was sie einmal angefangen hat.
*Venus in Capricornus (Steinbock)* steht oft auf dem Standpunkt „meine Arbeit ist mein Hobby" und ist sehr treu was Freundschaften angeht. Doch fällt es ihr auf der anderen Seite schwer, unbeschwert Freude und Vergnügen an irgendetwas zu genießen. Dann droht emotionale Verarmung und Vereinsamung.
*Venus in Taurus (Stier)* liebt die Gemütlichkeit, eine fröhliche Stimmung und angenehme Gewohnheiten, dabei hat sie einen ausgeprägten Sinn für alles Künstlerische. Doch die Gefahr besteht, daß sie von all dem den Hals nicht voll bekommt. Wenn ein Stier einmal mit irgendetwas begonnen hat, hört er so schnell nicht damit auf und übertreibt es oft sogar.
*Venus in Virgo (Jungfrau)* wählt sich Freunde, mit denen Sie niveauvolle Gespräche führen kann. Hobbys müssen zu etwas nütze sein. Ihr fällt es schwer, sich einmal selbst zu verwöhnen. Dadurch verarmt sie ihr Leben in selbstgewählter Schlichtheit.

***Venus in den Luftzeichen*** wagt schon eher, das Leben zu genießen. Es drohen aber zu große Sorglosigkeit und Unbedachtheit im Umgang mit Freunden in Not.
*Venus in Libra (Waage)* liebt schöne Dinge und hat einen guten Geschmack. Sie schließt leicht Freundschaften, will aber auf keinen Fall mit irgendwelchen Problemen konfrontiert werden. Um Schwierigkeiten aus dem Weg zu gehen und ja die Freundschaft nicht zu gefährden, redet sie oft jedem nach dem Mund. Zudem hat sie ein großes Bedürfnis nach Bewunderung.
*Venus in Aquarius (Wassermann)* findet Freude daran, etwas in Gemeinschaft zu unternehmen. In Freundschaften ist Offenheit und gegenseitige Freizügigkeit gewünscht. Da sie stets auf der Suche nach neuen Gleichgesinnten ist, neigt sie zur Unbeständigkeit.
*Venus in Gemini (Zwillinge)* hat viele Hobbys, sucht sich interessante Freunde und paßt sich mühelos an. Ist mit jedermann gut Freund solange es ihr in den Kram paßt. Sie geht Schwierigkeiten aus dem Weg und scheut dabei auch keine Lüge.

***Venus in den Wasserzeichen*** hat Freude an allem, was vertraut und sicher ist. Klebt allerdings in schwierigen Situationen an liebgewordenen Gewohnheiten.
*Venus in Cancer (Krebs)* pflegt Freundschaften, selbst wenn sie sich schon überlebt haben. Die größte Freude ist ein gemütliches Zuhause. Hier droht das sentimentale Festhalten an Werten, denen man eigentlich längst entwachsen ist.
*Venus in Scorpio (Skorpion)* ist in Freundschaften sehr beständig, fordert aber auch viel. Kann der andere diese hohen Erwartungen nicht erfüllen, wird das schnell als Verrat angesehen.
*Venus in Pisces (Fische)* will zu jedermann nett sein und wird daher oft ausgenutzt. Freundschaften werden oft aus Mitleid geschlossen.

## Mars ♂

Mars ist der Planet der Tatkraft, der Energie und der Aggression. Mit Mars setzen wir unsere Wahrnehmungen und Erfahrungen in Taten um. Er zeigt, wie wir uns zur Wehr setzen, wie wir unsere Energie in Taten umsetzen.
Mit schwierigen Aspekten deutet Mars auf Teilnahmslosigkeit, überhastetes Handeln, jeweils in Abhängigkeit von den aspektierenden Planeten und Zeichen.

**Mars in den Feuerzeichen** fackelt nicht lange, er packt an. Es drohen auf der anderen Seite übersteigerte Impulsivität und Tollkühnheit. Dann handelt er, ohne nachzudenken.
*Mars in Aries (Widder)* ist mutig und schlagfertig. Er stellt sich der Tat und macht keine Umschweife. In der Übersteigerung führt dies zu Leichtsinn, zu Rücksichtslosigkeit gegenüber anderen und zu Aggressivität.
*Mars in Leo (Löwe)* setzt sich gern für Sachen ein, mit denen er Ansehen und Ehre gewinnen kann. Der reife Leo gibt sich dabei den Anschein von Verantwortungsgefühl gegenüber Schwächeren. Dabei setzt er im negativen Fall die eigene Ehre und den eigenen Vorteil aber durchaus höher an. Er setzt seinen Willen durch, läßt die anderen für sich springen und verlangt von allen größte Rücksichtnahme ihm gegenüber.
*Mars in Sagittarius (Schütze)* setzt seine Energien für seine Überzeugungen und Vorstellungen ein. Große Energien für ein großes Ziel. Das kann aber im Gegenzug Aufdringlichkeit, Übertreibung bis hin zum Fanatismus bedeuten. Aggressiv gegenüber jedem, der sich nicht überzeugen lassen will.

**Mars in den Erdzeichen** geht Dinge nicht unbesonnen an. Er schaut lieber erst einmal, ob es auch klappt. Diese Haltung kann aber durchaus in Zögerlichkeit ausarten und die Unfähigkeit, sich rechtzeitig anzupassen, wenn die Umstände es erfordern.
*Mars in Capricornus (Steinbock)* hält durch, kämpft weiter aus Pflichtbewußtsein oder Gewohnheit. Selbst wenn man schon nicht mehr kann: Arbeit muß sein. Man muß aufpassen, keinen Raubbau zu betreiben, indem man von sich und anderen zuviel verlangt.
*Mars in Taurus (Stier)* hat ein zähes Durchhaltevermögen, wenn er erst einmal etwas begonnen hat. Es fällt ihm allerdings schwer, etwas für ihn Neues und Unbekanntes anzugehen. Dagegen kann er sich dickköpfig widersetzen. Er neigt zu Wutreaktionen, wenn er unter Druck gesetzt wird.
*Mars in Virgo (Jungfrau)* vergeudet keine Energien und geht alles sehr zielgerichtet an. Neigt dabei aber zu Pedanterie. Aggressionen werden durch spitze, bissige Bemerkungen und Mäkeleien geäußert. Oft tritt Unzufriedenheit mit sich selbst auf.

**Mars in den Luftzeichen** hat eine weniger ausgeprägte Ausdauer. Ihm kommt es entgegen, wenn er immer wieder seine Energien auf etwas Neues richten kann, immer wieder neue Herausforderungen und Anreize erfährt. Zielloser Aktionismus, alles mögliche antesten und wieder verwerfen, sind die Kehrseite.
*Mars in Libra (Waage)* übereilt nichts. Wartet erst einmal ab, ob sich die Sache nicht von selbst erledigt. Aggressionen werden vermieden. Darin droht die

Gefahr, sich nicht durchsetzen zu können, sich zu sehr um den heißen Brei herum zu bewegen und sich leicht einschüchtern zu lassen.
*Mars in Aquarius (Wassermann)* ist findig, wenn es darum geht eine neue Herangehensweise zu entdecken. Das macht ihn interessant. Negative Erscheinungen sind seine Unstetigkeit und das er schnell die Nase von etwas voll hat, was er gerade begonnen hat.
*Mars in Gemini (Zwillinge)* will tausend Sachen gleichzeitig machen und ist durchaus in der Lage, tatsächlich mehrere Sachen zugleich zu erledigen. Doch neigt er auch zu Unverbindlichkeit und Unruhe.

***Mars in den Wasserzeichen*** hat aus sich selbst heraus nicht sehr viel Energie. Diese muß vor allem dadurch angeregt werden, daß man emotional eine Sache völlig bejaht und daraus seine Kraft zieht. Störend ist der Hang, sich zu sehr in Sentimentalitäten zu ergehen.
*Mars in Cancer (Krebs)* kümmert sich vor allem gern um Angelegenheiten, die mit häuslicher Sicherheit und Geborgenheit zu tun haben, um Dinge, die bekannt und vertraut sind. Er kann schlecht loslassen und klebt an dem, was sich eigentlich lösen will. Wenn plötzlich etwas aus dem Leben verschwindet, dessen er sich sicher glaubte, ist er sehr verstimmt.
*Mars in Scorpio (Skorpion)* hat ein extrem ausgeprägtes Durchhaltevermögen in jeder Hinsicht. Einmal angefangen, kennt er kein Ende. Übereifer und Verbissenheit sind hier die Gefahren. Er will dann alles zerstören, was ihm im Weg steht.
*Mars in Pisces (Fische)* handelt aus Mitleid. Wenig praktisch in der Tat, fürchtet er Spannungen und gibt daher sehr schnell nach. Braucht eine starke Persönlichkeit als Leitfigur.

## Der Aszendent (Asz)

Der *Aszendent* verrät uns etwas über unser Erscheinungsbild, die Art, wie wir auftreten. Er zeigt den Menschen, wie er seiner täglichen Umgebung erscheint. Dieser Auftritt hängt stark von Lebensphase und Milieu ab. Beachten Sie vor allem das Zusammenspiel von Aszendent und Sonne. Passen sie zueinander oder widersprechen sich ihre Eigenschaften sehr?

Der ***Aszendent in den Feuerzeichen*** läßt einen mutig erscheinen, eine Haltung von „komm du nur" an den Tag zu legen. Es droht hier (vor allem wenn der Rest des Horoskops auf eine mehr oder minder starke Verletzlichkeit deutet) die Gefahr, zu prahlen und sich als tüchtiger hervorzutun, als man eigentlich ist. Auf Dauer kann solch eine Pose so dominant werden, daß man vergißt, wie man wirklich ist.

Siehe unter *Sonne in Aries, Leo* und *Sagittarius,* wie sich das auswirken kann. Die Sonne ist die wahre, innere Persönlichkeit, das „wie-man-wirklich-ist", der Aszendent das äußerliche Erscheinungsbild, das „wie-man-sich-gibt".

Der ***Aszendent in den Erdzeichen*** bewirkt, daß man sich etwas zurückhaltender, phlegmatischer zeigt, mehr abwartend. Dadurch hält man sich etwas mehr am Rand der Gesellschaft und steht nicht im Mittelpunkt. Als Kehrseite stehen mangelndes Anpassungsvermögen und die Gefahr, sich abzukapseln. In einem Horoskop, daß auch ansonsten auf Verletzlichkeit hinweist, kann das zu einer Haltung des Selbstschutzes werden, wenn man sich in bestimmten Kreisen nicht aufgehoben fühlt.
Siehe unter *Sonne in Capricornus, Taurus* und *Sagittarius* wie sich das auswirken kann. Die Sonne ist die wahre, innere Persönlichkeit, das „wie-man-wirklich-ist", der Aszendent das äußerliche Erscheinungsbild, das „wie-man-sich-gibt ".

Der ***Aszendent in den Luftzeichen*** bedingt die Fähigkeit, sich leicht in eine Gesellschaft zu integrieren und sich schnell anzupassen. Ohne großen Tiefgang, aber alles in allem recht angenehm. Die Gefahr ist, daß man leicht den Sorglosen spielt. Besonders wenn der Rest des Horoskops ein Bedürfnis nach Besinnung, Lebensinhalten und emotionalen Beziehungen zeigt, kann dies dazu führen, daß man seine antrainierte Heiterkeitspose für sein wirkliches Wesen hält.
Siehe unter *Sonne in Libra, Aquarius* und *Gemini,* wie sich das auswirken kann. Die Sonne ist die wahre, innere Persönlichkeit, das „wie-man-wirklich-ist", der Aszendent das äußerliche Erscheinungsbild, das „wie-man-sich-gibt ".

Der ***Aszendent in den Wasserzeichen*** bewirkt, daß man sich emotional auf seine tägliche Umgebung einspielt. Vor allem Cancer und Pisces erscheinen freundlich. Immer ein offenes Ohr, für andere, die ihr Herz ausschütten möchten. Die Kehrseite ist, daß man leicht in die Rolle des empfindsamen Zuhörers übernimmt, nur um irgendwo dazuzugehören. Gefühlsbetonte Tierkreiszeichen machen schnell die Schotten dicht, wenn sie enttäuscht werden.
Siehe unter *Sonne in Cancer, Scorpio* und *Pisces,* wie sich das auswirken kann. Die Sonne ist die wahre, innere Persönlichkeit, das „wie-man-wirklich-ist", der Aszendent das äußerliche Erscheinungsbild, das „wie-man-sich-gibt ".

## Die Himmelsmitte (MC)

Die Himmelmitte erzählt uns etwas über unsere Art, ein Ziel zu finden. Dies kann in der Arbeit liegen, in der Gesellschaft, aber auch in einem sinnvollen Hobby. Sehr bedeutsam sind hierfür die Planeten, die in Konjunktion zur Himmelsmitte stehen.
Viele Menschen beachten den MC in ihrem Horoskop nur wenig oder gar nicht. Oft schon allein deshalb, weil das restliche Horoskop bereits deutlich Richtungen der Verwirklichung zeigt. Bei anderen wirkt der MC so stark, daß diese Menschen eigentlich zwei Leben haben: das eigene, persönliche Leben und ein Leben für das Ziel oder die Aufgabe, hinter dem bzw. der sie stehen.

***Das Tierkreiszeichen, in dem der MC steht*** kann bedeutungsvoll sein. Es bestimmt die Art und Weise, wie man sich für sein Ziel einsetzen wird:
*Widder* will schnell sein Ziel erreichen und schießt in seiner Eile oft übers Ziel hinaus. Er will schnelle Resultate, keine Geduldsspiele.
*Stier* geht die Sache etwas zurückhaltender, ruhiger an. Liebt Geduldsspiele und Arbeiten, die sich lang hinziehen. Zugleich hat er oft starkes Interesse an künstlerischen Tätigkeiten und dem Geschäftsleben.
*Zwillinge* spielen sich auf das, was sich suchen ein, suchen ihr Ziel im Handel, reisen und sprechen gern.
*Krebs* versorgt gerne, macht am liebsten Arbeit zu Hause. Läßt sich nicht gern hetzen, wenn doch, gerät er leicht aus der Fassung.
*Löwe* hat gerne die Führung, ist ehrgeizig und delegiert gern. Liebt Ehrenpositionen.
*Jungfrau* findt Erfüllung in Präzisionsarbeit (etwa in einem Labor). Rechnen, ordnen, aufräumen. Mag keine Arbeit unter Druck und Eile.
*Waage* will vermitteln, ist diplomatisch und kunstsinnig. Gerne in der Modebranche tätig.
*Skorpion* liebt strenge Regeln. Gern als Kritiker oder Chirurg tätig.
*Schütze* will Ideale verbreiten, etwa als Geistlicher, in der Jugendarbeit bzw. Kindererziehung.
*Steinbock* bewahrt die Vergangenheit. Archivar oder Historiker sind typische Berufe. Ebenso mag er geduldfordernde Arbeiten wie Buchhaltung oder Statistik.
*Wassermann* sucht das Neue, Aufregende, etwas, daß ihn fesselt. Das findet er etwa in der Technik, in den allerneuesten Entwicklungen, in der Teamarbeit.
*Fische* passen sich an, wollen dienen und irgendwo dazugehören. Sie bevorzugen gesellschaftliche Arbeit, Pflegeberufe oder das Klosterleben.

Einflussreicher als das Zeichen, worin die Himmelmitte steht, ist oft der ***Planet***, der ***in Konjunktion*** zu diesem Zeichen steht. So verweilen die langsamen

Planeten lange in einem Zeichen. Darum betrachten wir diese (in unserem Anfängerstadium) nur bezüglich ihrer Aspekte auf Sonne, Mond, Merkur, Venus, Mars, Aszendent und Himmelsmitte. Das bedeutet nun nicht, daß die Position der langsamen Planeten völlig ohne Belang ist. Im Laufe eines Lebens wirken hier sehr wohl Einflüsse durch Transite, Progressionen oder durch Relationsaspekte von Personen, mit denen wir Umgang haben. Das kann aber nicht Gegenstand dieses Büchleins sein.

*Jupiter* sorgt für Ausbreitung, für Erweiterung von Grenzen. Großherzigkeit oder Selbstüberschätzung. Philosophie oder Heuchelei. Religion oder Fanatismus. Jupiter hat mit Autorität oder dem Widerstand dagegen zu tun. Mit Heilern und Quacksalbern, mit Genesung. Macht nobel oder überschwenglich. Selbstvertrauen oder Selbstüberschätzung.
*Saturn* ist der Gegenpol zu Jupiter. Saturn macht geduldig oder träge, sparsam oder gierig. Schweigsam oder menschenscheu. Vertrauenswürdig oder kleinkariert. Distanziert oder gefühlskalt. Liebt das Alte oder klammert sich an Altes.
*Uranus* bricht durch, sucht neue Grenzen, neue Möglichkeiten oder schafft Chaos, weil er es zu schnell angeht. Originell oder unnatürlich hinter stets Neuem herjagend.
*Neptun* hebt Grenzen auf. Man lebt sich ein, tastest sich heran oder man flüchtet in eine andere Welt, in Scheinwelten oder gar Drogen. Bedingt Religiosität oder Schwärmerei. Will sich von anderen differenzieren oder sich sinnlos aufopfern. Mystisch.
*Pluto* bindet stark. Macht oder Übermacht. Leiden oder manipulieren. Schöpft aus Verlusten neue Möglichkeiten oder geht unter.

Die ***Aspekte***, die die ***äußeren Planeten*** untereinander eingehen, sind sehr langwierig. Sie wirken auf das gesamte Weltgeschehen. Daher ist das ein Thema der politischen Astrologie. Ich nenne hier nur ein Beispiel.
Seit den 40er Jahren dieses Jahrhunderts stehen Neptun und Pluto in einem Sextil zueinander. Das dauert nun schon ein halbes Jahrhundert und ist noch nicht vorbei. Dieser Aspekt findet sich daher im Horoskop jeder Person, die in diesem Zeitraum geboren wurde. Bilden diese beiden Planeten zusammen auch noch einen Aspekt mit den inneren Planeten, dann wirkt sich das auch in unserem eigenen Leben stark aus. Findet sich dieser Aspekt in unserem Horoskop isoliert vom Rest, dann kann dies eine Neigung andeuten, allgemeine Trends oder Moden mitzumachen. Das kann sich etwa als psychedelische Rauschzustände, Drogensucht, Mitläufertum (Neptun) in einer Bande, Diktatur, Mafia (Pluto) äußern. Die anderen äußeren Planeten spielen hier auch wieder eine Rolle mit. Das aber sprengt den Rahmen dieser Einführung.

Felices aĩe q̄bus hec cognoscere primum:
Inq3 domos superas scandere cura fuit:

# 12. Die Deutung der Aspekte

In den Aspekten mischen sich die Wirkungen mehrerer Planeten miteinander. Dabei muß man die Planeten, die den Aspekt mieinander eingehen und das Zeichen, das davon betroffen ist, in Betracht ziehen. Jeder Aspekt wirkt sich in jedem Horoskop zudem etwas anders aus. Ein Aspekt wirkt in jungen Jahren anders, als derselbe Aspekt bei einem älteren Klienten. Im Laufe der Jahre wächst ja die Selbsterkenntnis.
Es ist schlicht unmöglich, im Rahmen eines einzigen Buches – wie umfangreich dies auch immer sein mag – all die unterschiedlichen Auswirkungen zu erörtern. Man kann nicht einfach übernehmen, was irgendwo dazu geschrieben steht, sondern muß vielmehr im Einzelfall alle Faktoren sorgfältig gegeneinander abwägen. Astrologie ist nicht einfach ein belangloses Spiel: Sie haben es mit lebenden Menschen zu tun!
Im folgenden soll für jeden Aspekt von zwei Planeten eine kurze Skizze geliefert werden. Für ein tieferes Ausloten ziehen Sie bitte weitere Literatur Ihrer Wahl zu Hilfe.

- *Trigon* und *Sextil* – gegebenenfalls im Zusammenspiel mit einer Konjunktion – haben eine *harmonische Wirkung*
- *Quadrat* und *Opposition* – gegebenenfalls im Zusammenspiel mit einer Konjunktion – wirken *disharmonisch.*

## Die Sonne ☉

*Sonne mit Mond*
Diese Kombination deutet auf innerliche Harmonie. Die Selbstentwicklung kann gefördert werden, wenn Sie Ihre Gefühle ein Wörtchen mitreden lassen. In der Entwicklung zur Reife kann man getrost seinem Instinkt vertrauen. Er läßt Sie fühlen, was gut und richtig ist.
In einer schwierigen Kombination kann zu große Impulsivität und ein extrem ausgeprägtes Ego die Entwicklung hemmen.

*Sonne mit Merkur*
Diese Planeten könne ausschließlich in Konjunktion stehen. In diesem Fall denkt und spricht man so, wie man tatsächlich von Natur aus ist.
Zu große Einseitigkeit kann die Folge sein: man will nur das hören, was einem in den Kram paßt. Schwarz-Weiß-Denken ohne Zwischentöne.

*Sonne mit Venus*

Diese Planeten bilden oft eine Konjunktion und gelegentlich ein Sextil. Andere Aspekte sind hier nicht möglich. Vergnügen und Freundschaften müssen dem Wesen entsprechen. Wenn das berücksichtigt wird, führt das zu großer Harmonie und guter Atmosphäre. Sie können all das Gute, was das Leben bietet, genießen.

Andererseits besteht die Möglichkeit zu großer Einseitigkeit. Man lernt dann nicht von Freunden. Auch die Freizeitgestaltung kann unter einer gewissen Monotonie leiden.

*Sonne mit Mars*

Hier ist die Suche nach Beschäftigungen wichtig, die das Ego anregen. Das verstärkt das Selbstvertrauen und das Durchhaltevermögen.

Bei schwierigen Aspekten kann Übermut auftreten und eine ausgeprägte Egozentrik. Arroganz, Ruhelosigkeit und Aggression sind mögliche Äußerungsformen.

*Sonne mit Jupiter*

Die Entwicklung des Ego erhält allerlei Hilfestellungen: angeborenes Selbstvertrauen, gut mit sich selbst klarkommen, stolz auf sich selbst sein und ein souveränes Auftreten.

Eine schwierige Aspektierung führt allerdings zu Übermut, Selbstüberschätzung und einem ausschließlichen Blick für die eigenen Belange, dadurch wieder zu nachlässigem Umgang mit anderen und zu übertriebenem Egoismus.

*Sonne mit Saturn*

Die Entwicklung der Persönlichkeit verläuft etwas langsam. Man tritt lange auf der Stelle, vor allem, wenn andere bremsende Faktoren in der Umgebung zu finden sind. Das können etwa die Eltern sein oder Lehrer oder eine strenge Lebenshaltung.

Eine gute Umsetzung dieser Kombination ergibt Pflichtbewußtsein und Verantwortungsgefühl. Sie macht zuverlässig und man fühlt sich geradezu schuldig, wenn man etwas aus den Händen gibt. Sie deutet auf ein sorgenvolles, aber auch ernsthaftes Wesen. Zumeist überwiegt in der Jugend das Sorgenvolle, das etwas Ängstliche.

Bei schwieriger Aspektierung mangelt es – vor allem in jungen Jahren – an Selbstvertrauen und der Fähigkeit, an sich selbst zu arbeiten. Später wandelt sich dies in Durchhaltevermögen und Zähigkeit. Man lernt, indem man sich gegen Beschränkungen auflehnt.

*Sonne mit Uranus*

Diese Kombination schafft gute Möglichkeiten, Veränderungen ins Leben zu bringen. Das ist auch empfehlenswert, um ein großes Maß persönlicher Freiheit und Selbständigkeit zu erlangen.
Eine schwierige Aspektierung kann zu Vorwitzigkeit führen und dem Drang, anders zu sein. Vor allem in Veränderungssituationen neigt man zu chaotischen Reaktionen.

*Sonne mit Neptun*

Man entwickelt sich am besten in seiner Eigenart, wenn die geistigen Werte voll zu ihrer Entfaltung kommen. Die Phantasie ist reich, lassen Sie Ihren künstlerischen Neigungen freien Lauf.
Bei schwierigen Aspekten gibt es einen Hang, außerhalb der Realität zu stehen, die Teilnahme am Leben zu verweigern. Es besteht die Gefahr, ein völlig falsches Bild von sich und seinen Fähigkeiten zu haben, was die Ausbildung des Ego verzögern kann.

*Sonne mit Pluto*

Ein Aspekt, der im Laufe des Reifungsprozesses immer stärker als Stütze wirkt. Er bewirkt einen starken Drang im Unterbewußten, die eigene Selbstentfaltung voranzutreiben. er gibt die Kraft, auch starke Rückschläge in Lebenserfahrung zu transformieren. Man ist in der Lage, destruktive Faktoren in positive Kräfte umzuwandeln.
Bei schwierigen Aspekten behindern unbewußte Regungen des Herzens die ungestörte Entwicklung des Ich. Oft wirken Groll, Hass oder Ohnmacht als zerstörerische Kräfte. Man kennt sich dann selbst nicht mehr und es ist durchaus möglich, daß man beginnt sich selbst zu hassen. Setzen Sie solchen Zuständen rechtzeitig ein Ende.

*Sonne mit Aszendent*

Man kann sich harmonisch in die tägliche Umgebung einfügen.
Bei disharmonischen Aspekten findet man nur schwer seinen Platz. Man ist in Bezug zu seiner Umgebung nicht man selbst, sondern präsentiert ein maskenhafte Pose, zumeist aus Unfähigkeit zu sich selbst zu finden.

*Sonne mit Himmelmitte*

Lebensziel und Wesensart passen genau zueinander. Vermeiden Sie, sich ein Lebensziel einreden zu lassen, hinter dem Sie nicht stehen. Dann können viel gute Chancen ungenutzt verpasst werden.

Bei disharmonischer Aspektierung fällt es schwer, den eigenen Platz zu finden. Man sucht stets etwas anderes. Es herrscht Unzufriedenheit über die ganze Gesellschaft und seinen Platz darin.

**Der Mond ☽**

*Mond mit Sonne*
siehe bei *Sonne mit Mond.*

*Mond mit Merkur*
Gefühl und Verstand harmonieren. Gute Anlage, Probleme im Gefühlsleben auszusprechen. In der Jugend meistens ein gutes Verhältnis zu den Geschwistern. Das Lernen geht am besten, wenn der zu lernende Stoff dem Gefühl entgegenkommt und eine angenehme Atmosphäre herrscht.
In schwieriger Aspektierung kann man sich nur schwer über seine Gefühle äußern. Man ist schnell aus der Fassung gebracht und reagiert dann schnell unbedacht. In als unangenehm empfundener Atmosphäre fällt das Lernen schwer.

*Mond mit Venus*
Man schließt leicht Freundschaften und fühlt sich schnell überall zu Hause. Man hat ein gutes Gespür für Stimmungen und versteht es, eine behagliche Atmosphäre zu schaffen.
Bei schwieriger Aspektierung herrscht Unzufriedenheit. Man fühlt sich nirgendwo wohl, jede Stimmungsschwankung wird sehr stark empfunden. Emotionale Probleme werden oft „weggenascht", d.h. mit Süßigkeiten übertüncht oder man versucht seine Unzufriedenheit durch allerlei Abenteuer zu überspielen.

*Mond mit Mars*
Bedürfnis, sich für alles einzusetzen, was einen emotional betrifft. Häufig der Wunsch, Kinder oder Schwächere zu beschützen. Man handelt ganz aus dem Gefühl heraus. Achten Sie darauf, nicht an allem etwas auszusetzen zu haben und andere nicht mit guten Absichten zu überrollen.

*Mond mit Jupiter*
Man hat ein gutes Selbstvertrauen und weiß instinktiv, daß alles sich zum Guten wendet. Man schenkt anderen sein Vertrauen und schafft so eine Atmosphäre von Wohlwollen.
Bei schwierigen Aspekten springt man unter Umständen zu nachlässig und unbedacht mit Leuten um, die seiner Obhut unterstellt sind. Man hat unverantwortliche emotionale Ausbrüche, meint, man könne sich alles erlauben.

Selbst kann man dabei das Gefühl haben, zu wenig Zuwendung und Sorge zu erhalten. Das wird dann oft „weggegessen", d.h. man befriedigt seine emotionalen Defizite durch Essen.

*Mond mit Saturn*
Dieser Aspekt bewirkt Selbstbeherrschung und ausgeprägtes Pflichtgefühl. Einmal geknüpfte Verbindungen sind sehr dauerhaft, auch wenn man ihnen eigentlich längst entwachsen ist. Menschen mit diesem Aspekt sind eingefleischte Gewohnheitstiere.
Mit schwierigen Aspekten können Gefühle von Einsamkeit und Bedrücktheit auftauchen. Man hat ohne Grund Minderwertigkeitsgefühle gegenüber anderen. Es ist wichtig, daß man sich nicht zu sehr in Erinnerungen und alten Gewohnheiten gefangen ist. Es drohen Depressionen. Belastende Familiensituationen hängen lange nach. Man droht sich festzufahren in einem Teufelskreis aus Mitleid und fehlgeleitetem Pflichtgefühl.

*Mond mit Uranus*
Gute Ideen, die instinktiv kommen. Fähigkeit, sich emotional auf Veränderungen einzustellen. Fühlt sich schnell wohl in einer Gruppe. Fühlt sich am wohlsten, wenn ihm nichts abgefordert wird.
Schwierige Aspekte führen zu starker, ungebändigter Impulsivität, die es einem schwer macht, sich anzupassen. Der Familienverband wird oft als unruhig empfunden.

*Mond mit Neptun*
Ausgeprägte Fähigkeit, sich in andere einzufühlen, verbunden mit dem starken Bedürfnis, anderen zu helfen. Versuchen Sie, sich Ihre Träume zu merken, [schreiben Sie sie z. B. gleich nach dem Aufwachen in ein Traumtagebuch]. Träume können nämlich oft wichtige Denkanstöße geben und Handlungsmöglichkeiten eröffnen.[37,38] „Ein Traum ist ein Brief aus unserem Unterbewußtsein", schrieb einmal jemand. Lernen Sie, solche Briefe zu lesen. Dieser Aspekt kann große künstlerische Fähigkeiten andeuten, wenn auch andere Faktoren darauf hinweisen.
Bei schwieriger Aspektierung hat man alle möglichen unerreichbaren Ideale und hängt irgendwelchen Illusionen nach. Daher ist man auch sehr leicht beeinflußbar. Insbesondere Einflüsse während der Jugendzeit wirken sehr lange nach.

*Mond mit Pluto*
Setzt sich vehement für das ein, wovon er sich betroffen fühlt. Will für alles kämpfen, was er intensiv erlebt. Versuchen Sie, andere nicht zu sehr zu beeinflussen.

In schwieriger Aspektierung drohen oft Fanatismus durch zu starkes emotionales Engagement. Spannungen in Familie und Verwandtschaft treten zu Tage. Lange verdrängte Emotionen können hochkommen und Ihnen üble Streiche spielen. Versuchen Sie, sich einen objektiven Blick zu erhalten.

*Mond mit Aszendent*
Dieser Aspekt gibt die Fähigkeit, sich anzupassen, in der eigenen Umgebung eine angenehmer Atmosphäre zu schaffen. Man fühlt sich schnell irgendwo zu Hause.
Bei schwieriger Aspektierung haben Sie Anpassungsschwierigkeiten, sie fühlen sich unwohl und empfingen überall störende Einflüsse.

*Mond mit Himmelmitte*
Fähigkeit, eine Lebensaufgabe zu finden, in der man völlig aufgeht. Starkes Engagement, für das, womit man gerade zu tun hat. Wer solchen einen Aspekt hat, sollte sich eine Arbeit suchen, in der er seine Gefühle ausleben kann, sonst geht viel Gutes verloren.
Bei schwieriger Aspektierung steht man nicht sicher auf seinem Platz, ist unzufrieden und kann seinen Dreh nicht finden.

## Merkur ☿

*Merkur mit Sonne / Merkur mit Mond*
siehe bei *Sonne* bzw. *Mond mit Merkur*

*Merkur mit Venus*
Dieser Aspekt ist nur als Konjunktion oder Sextil möglich. Bei einem Sextil führt das zu harmonischen Kontakten. Bei einer Konjunktion können diese Kontakte recht einseitig verlaufen. Achten Sie auf das Tierkreiszeichen, in dem die beiden Planeten stehen.

*Merkur mit Mars*
Das gibt die Fähigkeit, Ideen und Pläne auch in die Tat umzusetzen. Man hat große Überzeugungskraft, kann eloquent sprachen (achten Sie auf das Tierkreiszeichen). Das gute Einsichtsvermögen hilft, gordische Knoten zu durchschlagen.
Bei schwieriger Aspektierung muß man vorsichtig sein mit vorschnellen Urteilen. Aggressivität kann die Kontakte belasten.

*Merkur mit Jupiter*
Dieser Aspekt gibt Geschmeidigkeit in Kontaktangelegenheiten. Man kann spielend dem anderen auseinanderlegen, was man will, denkt optimistisch. Daher ist dieser Aspekt sehr vorteilhaft für geschäftliche Ambitionen.
Bei schwieriger Aspektierung neigt man zu vorschnellen und undurchdachten Entschlüssen. Man glaubt zu schnell an die Durchführbarkeit einer Angelegenheit und ist überhaupt zu vertrauensselig, vor allem wenn Merkur auch noch in einem leichtgläubigen Zeichen (z.B. Fische) steht. Auch ist man schludrig in Geldsachen.

*Merkur mit Saturn*
Bedachtsam, Pflichtbewußtsein ist der Maßstab aller Entschlüsse. Lernt langsam, hat aber ein ausgezeichnetes Gedächtnis.
Mit schwierigen Aspekten hängt man in seinen Gedanken zu sehr der Vergangenheit nach. Man lernt träge, altes Übel kann schlecht vergessen werden. Grübelei und Pessimismus. Angst vor Kontakten, teils, weil man sich selbst zu langweilig findet, teils aus Schüchternheit (achten Sie auf die Tierkreiszeichen).

*Merkur mit Uranus*
Man ist offen für alles Neue und Ungewöhnliche. Man will sich seine eigene Meinung unabhängig von alten Traditionen bilden. Erfrischend eigensinnig.
Bei schwieriger Aspektierung aber auch Vorwitzigkeit, Quertreiberei, alles über einen Kamm scherend verdammen, was alt ist und man als fade empfindet. Man ist sehr neugierig und will alles haarklein wissen.

*Merkur mit Neptun*
Das gibt Durchblick mit geradezu hellseherischen Fähigkeiten. Man merkt etwas intuitiv und kann getrost darauf sein Urteil gründen. In Kombination mit einem nachgiebigen Zeichen will man anderen zu gern glauben, dadurch beeinflußbar.
Mit schwierigen Aspekten geht einem die Phantasie durch. Man macht sich selbst bzw. anderen gerne etwas weis und flüchtet gerne in Tagträumereien vor den Fakten. Man denkt und redet schwammig und unklar, dadurch kann es zu Lernschwierigkeiten kommen.

*Merkur mit Pluto*
Einsichtsfähigkeit gepaart mit einer scharfen Urteilskraft und großer Überzeugungskraft.
Mit schwierigen Aspekten neigt man dazu, anderen seine Sichtweise aufzudrängen oder sich im Gegenteil von anderen bluffen zu lassen (achten Sie auf die Tierkreiszeichen). Auch unbarmherzige Schärfe im Urteil.

*Merkur mit Aszendent*
Sehr gute Fähigkeiten, anderen seine Gedanken nahezubringen. Kluges und gescheites Auftreten.
Bei schwierigen Aspekten Hang zur Nervosität, dabei streitsüchtig und infolgedessen oft Kontaktschwierigkeiten.

*Merkur mit Himmelsmitte*
Fähigkeit, eine gute Stellung in Geschäftsleben und Gesellschaft zu erreichen. Man ist in der Lage, sich mündlich und schriftlich erfolgreich für das verfolgte Ziel einzusetzen.
Schwierige Aspektierung führt zu Unzufriedenheit, Unruhe und Nörgelei an der Gesellschaft mit allem Drum und Dran.

## Venus ♀

*Venus mit Sonne/ Venus mit Mond / Venus mit Merkur*
siehe oben bei den entsprechenden Planeten

*Venus mit Mars*
Zeugt von der Fähigkeit, Freundschaften zu schließen und sich für seine Freunde einzusetzen. Wer künstlerische Talente hat, kann sie mit dieser Aspektierung im Hintergrund vielversprechend in die Tat umsetzen.
Bei schwierigen Aspekten kann es Beziehungsprobleme geben. Man ist in seinen „Eroberungen" zu aggressiv oder läßt sich im Gegenteil selbst sehr leicht erobern (achten Sie auf die Tierkreiszeichen).

*Venus mit Jupiter*
Ungetrübtes Gefallen an Freundschaften und Hobbys. Eine sichere Ausstrahlung, wodurch man andere leicht für sich einnimmt. Charisma.
Schwierige Aspektierung sorgt für Naschsucht, oft aus einem Mangelgefühl an Liebe und Vergnügen heraus. Man allen jagt möglichen Vergnügungen hinterher, hat einen Hang zum Kitsch. Wenig Selbstkontrolle im sozialen Umgang.

*Venus mit Saturn*
Dieser Aspekt gibt die Fähigkeit zur Treue in Freundschaften. Die Freizeit wird mit Hobbys verbracht, die Tiefgang haben oder alte Traditionen verfolgen. Dafür macht man auch gerne einmal Überstunden.
Mit schwierigen Aspekten kann man es schwer haben, Freundschaften zu schließen oder sonst an irgendetwas Freude zu finden. Kränkungen aus Freundschaften werden lange nachgetragen und können das Entstehen neuer Freundschaften behindern.

*Venus mit Uranus*
Immer wieder Freude an neuen Interessen finden, leicht Freundschaften schließen, die auch lange anhaltend, vor allem wenn man sich gegenseitig genügend Freiheiten läßt, Freud an Technik und an Puzzeleien:
Bei schwieriger Aspektierung aber Unberechenbarkeit in Freundschaften und Freizeitverhalten. Alles will man ausprobieren und fällt von einem Extrem ins andere.

*Venus mit Neptun*
Man hat viel für seine Freunde über, ist sogar bereit, sich selbst unterzuordnen. Man hat Geschmack und künstlerische Neigungen.
Mit schwierigen Aspekten wird man aber leicht von Freunden ausgenutzt, manchmal fordert man das geradezu heraus. Schlechter Geschmack. Suchtprobleme mit Alkohol oder Betäubungsmitteln sind möglich.

*Venus mit Pluto*
Man ist bereit, sich voll für seine Freunde einzusetzen und frönt ausführlich seinen Hobbys.
Bei schwieriger Aspektierung erwartet man von seinen Freunden das Äußerste. Hier drohen Eifersucht und Haßgefühle. Je nach involviertem Tierkreiszeichen läßt man sich leicht von Freunden tyrannisieren. Man will das Leben in vollen Zügen auskosten.

*Venus mit Aszendent*
Durch sein enormes Anpassungsvermögen weiß man sich beliebt zu machen. Man ist in der Lage, in seiner Umgebung friedensstiftend zu wirken.
Bei disharmonischen Aspekten versucht man Schwierigkeiten weitest möglich aus dem Weg zu gehen und zum Mitläufer zu werden, um ja keine Probleme zu bekommen. Man ist viel zu nachgiebig. Oft gekoppelt mit schlechtem Geschmack und Taktlosigkeit.

*Venus mit Himmelsmitte*
Freude an seinen Aufgaben. man sucht sich Arbeit, die man in Ruhe und Harmonie erledigen kann. Suchen Sie sich eine Aufgabe, die sind rundum befriedigt.
Bei schwierigen Aspekten sieht man keinen Sinn in seiner Arbeit, ist ohne Freude. Wenn auch der Rest des Horoskops darauf hindeutet, neigt man dazu, sich von Kollegen ausnutzen zu lassen, unnötigerweise Arbeiten anderer zu übernehmen, wenngleich man das nicht gerne tut. Andererseits auch Neigung zur Faulheit und Streben nach Vorteilen (Liebchen vom Chef).

## Mars ♂

*Mars mit Sonne, Mond, Merkur und Venus*
siehe oben bei den entsprechende Planeten

*Mars mit Jupiter*
Hat ein glückliches Händchen. Man ist fähig viel Energie zu investieren, ohne daß es einen großer Anstrengungen bedarf. Zugleich wird man oft von anderen Seiten unterstützt.
Schwierige Aspektierung führt zur Vergeudung von Energie. Man glaubt, sich alles erlauben zu können, um seinen Willen durchzusetzen. Ist rebellisch und will um jeden Preis seinen eigenen Weg gehen. Verwegenes Auftreten bei gleichzeitigem Überschätzen der eigenen Willenskraft.

*Mars mit Saturn*
Hat ein großes Durchhaltevermögen. Man handelt wohldurchdacht, handelt pflichtbewußt und bleibt auf dem rechten Weg.
Bei schwieriger Aspektierung Neigung zum Fanatismus. Man will starrsinnig seinen Willen durchsetzen. Aber auch Schlaffheit, wenn es aufs Handeln ankommt.

*Mars mit Uranus*
Gibt die Fähigkeit, ein Problem auf den Punkt zu bringen, damit gezielt angehen zu können, originelle Entscheidungen zu treffen und dann auch durchzuführen.
Schwierige Aspektierung bringt eine überhastete, zu impulsive Herangehensweise. Plötzlich aufkommende Wut (beachten Sie das Zeichen, in dem Mars steht).

*Mars mit Neptun*
Versucht selbstlos, anderen tatkräftig zu helfen und ist dabei von großem Fingerspitzengefühl.
Unter schwieriger Aspektierung beginnt man zuerst mit dem Unerreichbaren. Das führt natürlich zu Desillusionierung und Entmutigung. Möglicherweise läßt man sich aus Gutgläubigkeit oder aus dem großen Bedürfnis, sich für anderen einzusetzen, ausnutzen. Oft verplempert man unnötig Energie, weil man seinen Antrieb falsch einschätzt.

*Mars mit Pluto*
Das bedeutet großes Durchhaltevermögen, gehen bis zum Äußersten. Die Fähigkeit auf Basis der eigenen Lebenserfahrung die richtigen Entscheidungen zu treffen.

Bei disharmonischer Aspektierung fällt es schwer, Kompromisse einzugehen. Man will immer das Extrem. Möglicherweise großes Aggressionspotential, wenn auch der Rest des Horoskops in diese Richtung weist.

*Mars mit Aszendent*
Dieser Aspekt gibt die Fähigkeit an, sich für die Menschen einzusetzen, mit denen man täglich Umgang hat. Man hat im wahrsten Sinne des Worte etwas für andere übrig. Selbstvertrauen zeigend im Auftreten.
Schwierige Aspektierung macht einen im Auftreten aggressiv und schnell zornig. Oder man hat gerade selbst Angst vor jeglicher Aggression.

*Mars mit Himmelsmitte*
Kampfbereit für das, was einem wichtig ist. Streitbar für sein Ziel.
Bei schwieriger Aspektierung meint man dauernd für sein Ziel kämpfen zu müssen, man reagiert aggressiv und sieht überall Angriffe. Oder man hat Angst vor Aggression.

## Der Aszendent (Asz)

*Aszendent mit Sonne, Mond, Merkur, Venus und Mars*
siehe oben bei den entsprechenden Planeten

*Aszendent mit Jupiter*
Verleiht einem ein gewisses Esprit, ein geschmeidiges Auftreten. Man zieht leicht die Aufmerksamkeit auf sich und zieht daraus seine Vorteile, ohne das man eigentlich darauf direkt aus ist.
Mit disharmonischer Aspektierung drohen Angeberei, Sprücheklopfen und Bluffs, worauf viele hereinfallen.

*Aszendent mit Saturn*
Macht früh weise. Man hat ein pflichtbewußtes Auftreten und nimmt gern die Lasten des täglichen Lebens auf sich.
Schwierige Aspektierung macht distanziert und menschenscheu, gekoppelt mit Selbstzweifeln.

*Aszendent mit Uranus*
Nettes und originelles Auftreten. Man begeistert die Menschen, die mit einem zu tun haben. Sucht sich mit Vorliebe eine Umgebung von Gleichgesinnten.
Schwierige Aspektierung macht provokant und quertreiberisch. Aufmüpfig gegenüber allem, was man für altmodisch hält.

*Aszendent mit Neptun*
Verleiht ein nachgiebiges Auftreten. Ist seiner Umgebung gegenüber zu leichtgläubig. Paßt sich gerne den Erwartungen seiner Umgebung bis zu Selbstaufopferung an und weiß so kaum eine eigene Persönlichkeit aufzubauen.
Schwierige Aspekte verhindern die Entwicklung einer eigenen Persönlichkeit und macht einen anhängig von den Erwartungen seiner Umgebung. Spielt die ganze Zeit Theater, versteckt sich und betrügt sich selbst und andere.

*Aszendent mit Pluto*
Eine kaum zu übersehende Persönlichkeit, die sich sehr effizient für alles einsetzt, was zu seiner direkten Umgebung zählt.
Bei schwieriger Aspektierung neigt er zur Tyrannei und Unversöhnlichkeit, wenn jemand nicht so will wie er.

## Die Himmelsmitte (MC)

*MC mit Sonne, Mond, Merkur, Venus und Mars*
siehe dort.

*MC mit Jupiter*
Findet schnell seinen Platz in der Gesellschaft. Ist sich seiner Berufung sicher und findet leicht Mitstreiter. Hat das nötige Charisma, andere mitzuziehen.
Disharmonische Aspektierung macht die Zielbestimmung schwierig, man greift in der Regel zu hoch. Häufig Widerstand von Institutionen.

*MC mit Saturn*
Sucht sich ein Ziel, an dem er arbeiten kann. Pflichtbewußt, wie er ist, nimmt er oft noch Arbeit mit nach Hause.
Bei disharmonischer Aspektierung quält man sich auch dann noch mühselig ab, wenn alles schon keinen Sinn mehr hat. Unter diesem Aspekt geht häufig etwas verloren, wofür man sich sehr eingesetzt hat und trotzdem quält man sich weiter damit ab. Achten Sie darauf, wann es genug ist.

*MC mit Uranus*
Braucht ein Ziel, eine Aufgabe, in der er sich frei entfalten kann, in die er seinen ganzen Erfindungsreichtum einbringen kann. Günstig ist Arbeit im Team.
Bei schwieriger Aspektierung springt man von Ziel zu Ziel, vor allem wenn der Rest des Horoskops auch auf Ruhelosigkeit hindeutet. Andererseits können immer wieder Dinge geschehen, die eine erneute Zielumstellung nötig machen.

*MC mit Neptun*
Kommt am besten zu seinem Recht, wenn man sich selbstlos für ein Ziel einsetzen kann. Dieser Aspekt gibt die Bereitschaft zu Aufopferung oder eine künstlerische Ader.
Schwierige Aspekte lassen einen nach dem Unmöglichen streben. Man hält sich selbst zum Narren und spiegelt manchmal auch anderen etwas vor als Quasi-Berufung.

*MC mit Pluto*
Eine optimale Anlage. Man braucht ein Ziel, in dem man mit ganzer Kraft aufgeht. Die Gefahr besteht, daß man so weit geht, bis man nicht mehr kann, andere dabei mitschleppt und keine Gnade kennt, wenn jemand nicht mitziehen will oder kann.

Die Aspekte der langsamen Planeten bilden untereinander Aspekte von langer Dauer. Das bedeutet, daß jeder diese Aspekte in seinem Horoskop hat. Das Sextil zwischen Neptun und Pluto wirkt seit den 40er Jahren dieses Jahrhunderts und wird erst gegen Ende des Jahrhunderts seinen Einfluß verlieren. Beurteilen sie dergleichen Aspekt nur dann, wenn Sie zusammen mit den persönlicher wirksamen Planeten Aspekte bilden.

## Jupiter ♃

*Jupiter mit Saturn*
Jupiter gibt Optimismus, Esprit, Geschmeidigkeit, wohingegen Saturn von ernstem, wohldurchdachten Charakter ist. Zusammen geben sie dem aspektierten Planeten ein gutes Gleichgewicht von Heiterkeit und Ernst.
Bei schwieriger Aspektierung gibt es ein Ungleichgewicht zwischen Pessimismus und Optimismus, zwischen Angst und Übermut. Achten Sie auf den Planeten, mit dem sie den Aspekt bilden.

*Jupiter mit Uranus*
Gibt Esprit, Heiterkeit, ausgeprägte Eigenständigkeit. Man kommt mit jedermann gut aus. Man kann auf seine ureigene Art und Weise etwas verbreiten.
Bei schwieriger Aspektierung gibt es Probleme mit Instanzen, man neigt zu Rebellion, kennt seine eigenen Grenzen nicht.
*Jupiter mit Neptun*
Heilkräfte, Charisma, geborene Führungspersönlichkeit mit einem philosophischen Touch.
Schwierige Aspektierung kann die Fähigkeit zur klaren Diagnose trüben, zu Problemen mit Instanzen und in Geldangelegenheiten, mit Betrügern und Schwindlern, sowie zu einem Übermaß an Giftstoffen führen.

*Jupiter mit Pluto*
Starke Führerfigur, natürliche Dominanz, heilende Kräfte.
Bei schwieriger Aspektierung Machtmißbrauch und Tyrannei oder das Leiden darunter.

**Saturn ♄**

*Saturn mit Uranus*
Harmonisches Zusammengehen von alt und neu. Offen für Neues, kann aber auf den richtigen Moment warten. Durchbruch alter Gewohnheiten.
Schwierige Aspektierung macht rebellisch gegen alte Gewohnheiten. Man leidet unter neuen Gewohnheiten oder wirf alles Alte über den Haufen, je nach Rest des Horoskops und den Planeten, mit denen diese Kombination Aspekte bildet.

*Saturn mit Neptun*
Tiefgang und Geduld in der Verwirklichung seiner Ideale.
Schwierige Aspektierung kann fanatisch und blind für die Wirklichkeit werden lassen.

*Saturn mit Pluto*
Strenge. Man hat selbst eine feste Hand oder braucht sie.
Schwierige Aspektierung macht intolerant, zerstörerisch, oder es wird in Ihrer Umgebung oft etwas umgeworfen.

**Uranus ♅**

*Uranus mit Neptun*
Man möchte Ideale erreichen, im Interesse anderer erneuernd wirken.
Schwierige Aspektierung bedingt unordentliche, unklare Zustände. Man flüchtet in immer wieder andere Neuerungen.

*Uranus mit Pluto*
Man erfährt oder verursacht ungeahnte Durchbrüche. Plötzlicher Durchblick und die Kraft, daraus etwas Positives machen.
Ein schwieriger Aspekt bedingt, daß man solche unerwarteten Durchbrüche nicht „handeln“ kann und das ganze oft in eine Katastrophe ausartet.

## Neptun ♆

*Neptun und Pluto*
Man hat ein Gespür für das dringend Notwendige. Instinktiv führt man im richtigen Moment die Lösung eines Problems herbei.
Bei schwieriger Aspektierung forciert man dieses, schätzt die Situation oft falsch ein und stiftet dadurch großes Unheil. Siehe auch unter den oben schon aufgeführten Aspekten.

## Pluto ♇

Siehe oben bei den schon genannten Aspekten.

### *Noch einmal: die Aspekte der langsamen Planeten*

Die *Aspekte der langsamen Planeten untereinander* sagen etwas über die Grundlinien aus, die für jeden von uns gelten können. Im persönlichen Horoskop berücksichtigen wir sie vor allem dann, wenn äußere Planeten zusammen einen Aspekt bilden mit den mehr oder minder „persönlichen" Planeten des Horoskops, also:

- wenn sie zusammen die *Sonne* aspektieren, dann beeinflussen sie das wahre Wesen
- wenn sie zusammen den *Mond* aspektieren, dann wirken sie auf unser Gefühlsleben
- bilden sie mit *Merkur* einen Aspekt, dann beeinflussen sie das Denken und Lernen
- zusammen mit *Venus* wirken sie auf Freundschaften und Hobbys
- mit *Mars* haben sie Einfluß auf Willenskraft und Energie
- in Kombination mit dem *Aszendenten* ist unsere Haltung gegenüber unserer Umgebung betroffen
- und mit dem *MC* wirken sie auf unser Lebensziel

Auch in Progressionen und Beziehungshoroskopen spielen die Aspekte der langsamen Planeten eine Rolle, doch das soll hier nicht weiter vertieft werden.

# 13. Die vier Eckpunkte

Unter den vier Eckpunkten des Horoskops verstehen wir den Aszendenten, den Deszendenten, die Himmelsmitte (MC) und die Himmelstiefe (IC).

***Der Aszendent*** ist der Punkt, wo Tierkreis und Horizontlinie sich im Osten schneiden. Er ist also die Stelle, wo wir Sonne, Mond und Planeten aufgehen sehen.
Der Aszendent symbolisiert unsere Art des Auftretens in unserer täglichen Umgebung. Dazu gehört der Teil unseres Charakters, der durch Erziehung, Ausbildung, Selbstbeherrschung und Selbsterziehung seine Form erhalten hat. Das kann auch als Rolle, als Maske erscheinen, die unser Inneres schützten oder verbergen soll. Das Zeichen des Aszendenten spielt daher ein Rolle in unserer täglichen Verhaltensweise. Planeten rund um den Aszendenten wirken hier prägend.

***Der Deszendent*** ist der Punkt, wo der Tierkreis die Horizontlinie im Westen schneidet. Er ist also die Stelle, wo wir Sonne, Mond und Planeten untergehen sehen.
Im Horoskop liegt der Deszendent 180° weiter als der Aszendent. Das Zeichen des Deszendenten ergänzt das des Aszendenten. Es kann zeigen, was wir in dem anderen suchen, was wir im Partner zu finden hoffen. Oft ist es genau das, was wir bei uns selbst vermissen. Planeten rund um den Deszendenten deuten in diese Richtung und können unserem äußerlichen Auftreten ihren Stempel aufdrücken. Wir suchen oder vermissen das Prinzip, das zu diesem Planeten gehört. Das kann durchaus ein Handikap in unserem Auftreten sein. Doch können wir uns dieses Mangels bewußt werden und ihn berücksichtigen. Diese Erfahrung können wir positiv für unsere Lebensumgebung nutzen.

***Die Himmelsmitte oder auch Medium coeli (MC)*** ist der Punkt, wo der Tierkreis und der Längengrad einander am höchsten Punkt (aus der Sicht des Betrachters) schneiden.
Der MC ist also der Punkt, wo wir die Sonne mittags in ihrem höchsten Stand sehen. Er symbolisiert unsere gesellschaftliche Entwicklung, unsere Ansicht vom Zusammenleben, unsere Aufgabe bzw. unseren Beruf/unsere Berufung in der Gesellschaft. Das Zeichen und die Planeten rund um den MC zeigen, wie wir uns in die Gesellschaft einfügen und uns in ihr entwickeln.

***Die Himmelstiefe oder Immum coeli (IC)*** ist der Punkt, wo Tierkreis und Längengrad sich einander am tiefsten Punkt (aus der Sicht des Betrachters) schneiden.
Der IC ist daher der Punkt, wo die Sonne nachts ihren tiefsten Punkt erreicht. Das Zeichen des MC und die Planeten darum herum symbolisieren unsere Herkunft, die Traditionen, in denen wir leben und die auf uns wirken, alles, woran wir aus einem Bedürfnis nach Sicherheit festhalten. Er kann eine starke, meist unbewußte Rückwirkung auf dem MC haben und durchaus behindernd auf unsere gesellschaftlichen Entfaltung und bei der Suche nach dem Lebensziel auswirken. Wenn wir das erkennen, können wir daran arbeiten. So kann der IC eine Quelle der Selbsterkenntnis und positiv umgewertet werden.

Über die Positionen der Planeten rund um die Eckpunkte wurden beeindruckende Forschungen angestellt.[12,14,15,16]
Michel und Françoise Gauquelin haben daran den größten Anteil. Sie fanden vor allem verblüffend überzeugende Resultate in Bezug auf die Charakteristik verschiedenen Planeten.

Die oben genannten sind die vier Eckpunkte, die mit der täglichen Erddrehung um ihre Achse zu tun haben. Wie Sie wissen, dreht sich die Erde von Westen nach Osten unter dem Tierkreis durch. Dadurch sehen wir Sonne, Mond und Planeten im Osten aufgehen.
Es gibt noch vier weitere Eckpunkte, die sich aber auf den Jahreslauf der Erde um die Sonne beziehen. Das astrologische *Zeichen des Widders* gilt dabei seit unvordenklichen Zeiten als Anfangspunkt. Demgegenüber steht das *Zeichen Waage*. Diese beiden Punkte sind die **äquatorialen Eckpunkte**. Hier sind die Tage und Nächte auf der ganzen Welt gleich lang (Tag- und Nachtgleiche).
Der Sommeranfang bzw. der Winteranfang werden auf der nördlichen Halbkugel durch den Beginn der *Zeichen Krebs* bzw. *Steinbock* markiert. Auf der südlichen Halbkugel tauschen die beiden die Plätze (also Sommer – Steinbock / Winter – Krebs).
Die Erde dreht sich entgegen dem Uhrzeigersinn um die Sonne. Die Planeten laufen in der gleichen Richtung jeder auf seiner eigenen Bahn. Bei der täglichen Bewegung sehen wir dies aber genau andersherum, also mit dem Uhrzeigersinn laufend. Die vier Eckpunkte, die wir auf diese Weise entstehen sehen, sind ausgesprochen wichtige Punkte im Horoskop.
In ganz alten Zeiten gliederte man diese Bewegung in 8 Teile.[11,13,23]
Bei Ptolemäus[27] fällt auf, daß er die Tierkreiszeichen manchmal „Häuser" nennt. Auch die Bewegung mit oder gegen den Uhrzeigersinn wird nicht immer deutlich. Vergessen wir dabei nicht, daß das Werk des Ptolemäus vier-

zehn Jahrhunderte lang immer wieder per Hand abgeschrieben wurde, bevor die Kunst des Buchdrucks aufkam. Bestimmte technische Details wurden so im Lauf der Zeit zwangsläufig etwas unpräzise.
Bei der sehr alten Methode der *8 Häuser im Uhrzeigersinn*, hatten die Häuser folgende Themeninhalte:

| | | |
|---|---|---|
| 1. | Leben | (unter dem Aszendenten oder ein Stück darüber) |
| 2. | Geld | (auf halbem Wege zwischen Aszendent und MC) |
| 3. | Reisen | (östlich der Himmelmitte bis ein Stück nach Westen) |
| 4. | Eltern | (auf halbem Wegen zwischen MC und Deszendent) |
| 5. | Kinder | (über dem Deszendenten oder ein Stück darunter) |
| 6. | Krankheit | (auf halbem Wegen zwischen Deszendent und IC) |
| 7. | Ehepartner | (westlich vom IC und hiervon ein Stück nach Osten) |
| 8. | Tod | (auf halbem Weg zwischen IC und Aszendent) |

Ein paar hundert Jahre vor unserer Zeitrechnung begannen die Griechen mit Häusern zu experimentieren, die genau wie der Tierkreis *gegen den Uhrzeigersinn* liefen. So kam man auf die Zahl von *12 Häusern*. Die vier Eckpunkte kannte man schon.
Weil aber die Erde schief auf ihrer Achse steht, war da das Problem, die vier ungleichen Teile, die sich im Tageslauf auch noch stets verschoben, in je drei Teile zu untergliedern. Das Porfiri-System ist hier das einfachste. Man zählt die Gradwerte von Eckpunkt zu Eckpunkt und drittelt das Ergebnis jeweils.
Wenn Sie sich dieses Problem einmal vergegenwärtigen wollen, zeichnen Sie sich am besten auf eine durchsichtige Folie einen Kreis, den Sie in 12 gleiche Teile gliedern. Wenn Sie die so beschriftete Folie gerade unter eine Lampe halten, sehen Sie im Schattenbild wieder zwölf gleiche Teile. Halten Sie die Folie nun aber schief und drehen Sie sie dabei (genau wie unser Horizont bei der Drehung um die Achse), so sehen Sie, daß die Teile sich bei jeder Bewegung verändern und nicht mehr gleich groß sind.
Man kann die zwölf gleichen Teile des Tierkreises auf verschiedenen andere Flächen projizieren: man erhält immer ein anderes Ergebnis.
Campanus, ein italienischer Mathematiker und Astronom (eigentlich Giovanni Campani; 1233-1296) entwickelte ein eigenes System, schrieb aber dazu, daß man für Charakterbestimmung und für Stundenhoroskop andere Normen anpassen müsse.
Ich erläutere das alles hier deshalb, damit Sie meine Entscheidung verstehen können, im Geburtshoroskop mit den Daten zurückhaltend umzugehen. Viele andere Astrologen stimmen mir da zu. Wenn Sie das Gefühl haben, mit der Nutzung einer Häusereinteilung mehr aus dem Horoskop herausholen zu können, haben Sie ebenso viele gute Astrologen auf Ihrer Seite. Es geht nicht darum, wer das Rennen gewinnt. Das hat in den vielen Jahrhunderten eh

noch niemand geschafft. Es geht darum, daß wir etwas mit Astrologie bewirken können.
Als Vorbereitung auf die Stundenastrologie im übernächsten Kapitel will ich im jetzt folgenden kurz die zur Zeit verbreitetsten Bedeutungen der Häuser besprechen.

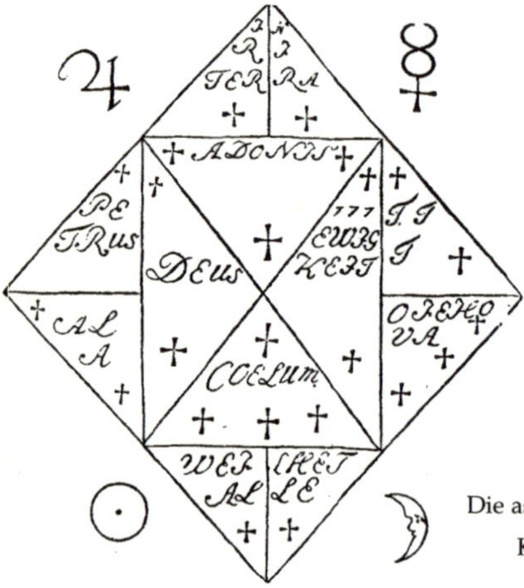


Die astrologische Symbolik findet sich auch in der Kabbala, wie auf dieser alten Abbildung.

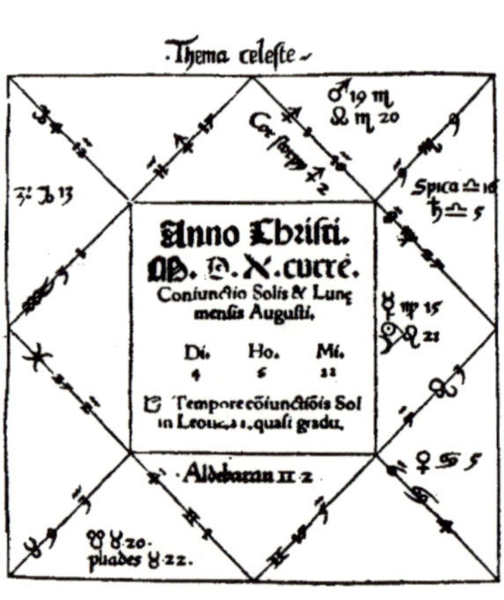


Vor einigen Jahrhunderten wurde das Horoskop anders gezeichnet; hier treffen wir auch einige Fixsterne an.

# 14. Die Deutung der Häuser (oder Felder) im Horoskop

Ich selbst arbeite in Geburtshoroskopen (so wie etwa Ebertin und andere auch) ohne die Häuser. Bestenfalls berücksichtige ich die *ekliptischen Häuser*, wo Widder als das 1. Haus, Stier als 2. Haus usw. gilt. In einem Fragenhoroskop hingegen nutze ich sehr wohl ein Häusersystem, weil in diesem Zusammenhang die Zeit präzise bekannt ist. Ich verwende das System nach Placidus. Dieses ist das zur Zeit hier und auch in den USA meistverwendete Häusersystem. In anderen Ländern und auch in anderen Jahrhunderten sind bzw. waren durchaus andere Systeme gebräuchlich.[9,23,39,40]
Doch nichts hindert Sie, in Ihrem Geburtshoroskop mit den Häusern zu experimentieren. Womöglich fallen Ihnen Gesichtspunkte auf, die Sie ohne Häuser nicht erkannt hätten. Gehen Sie hierbei ganz nach Ihrem Gefühl. Die Beschäftigung mit der Astrologie soll Einsicht bringen, Möglichkeiten finden, sich und anderen weiterzuhelfen. Probieren Sie die nun folgenden Häuserbedeutungen ruhig einmal an verschiedenen Geburtshoroskopen aus, um auf diese Weise Ihre originäre Arbeitsweise auszutesten.

### *Themeninhalte der 12 Häuser (oder Felder)*

***Das 1. Haus***
Der Frager, die Art des Auftretens, die Gesundheit. Wie die Person sich gegenüber anderen zeigt. Der Inhalt der Frage.

***Das 2. Haus***
Quelle der Einkünfte, Geld oder Güter. Investitionen. Verlust oder Gewinn. Persönliches Eigentum, Finanzen.

***Das 3. Haus***
Kommunikation, Gespräche, Schwätzchen, Briefe, Studium. Botschaften, Post oder Verkehr. Kurze Reisen. Brüder und Schwestern. Die Schulzeit. Leihen und Verleihen. Geschäfte machen.

***Das 4. Haus***
Haus und Herd. Familie, Familientraditionen. Die Mutterrolle. Geborgenheit, Sicherheitsbedürfnis. Einfluß der Vergangenheit.

**Das 5. Haus**
Kinder, Spiel und Kreativität. Die Entfaltung der Persönlichkeit. Erwerb von Geltung und Ansehen. Übernahme von Verantwortung durch Führungsanspruch. Eine Geliebte/ein Geliebter, mit der/dem zusammen man an seiner Persönlichkeit baut.

**Das 6. Haus**
Gesundheit, Krankenpflege. Arbeit, Krankheit, Diät. Das Bekleiden einer Stellung. Dienstbarkeit, Unterordnung. Arbeitsumgebung, Mitarbeiter. Das kritische Denken.

**Das 7. Haus**
Die Beziehung, der Partner, Geschäftsfreund. Offizielle Feinde und Widersacher. Der Künstler. Das Suchen nach Harmonie. Das Streben nach friedlichen Lösungen. Soziale Kontakte.

**Das 8. Haus**
Geistiger Besitz. Erbe. Verdrängte Gefühle, Aggressionen. Selbstzerstörerische Tendenzen. Innerliche Kräfte, Regeneration. Der Überlebenskampf. Mißtrauen.

**Das 9. Haus**
Geistige Bereicherung. Lange Reisen. Verbreiten der eigenen Überzeugung. Religion, Philosophie. Suche nach der Wahrheit.

**Das 10. Haus**
Platz in der Gesellschaft. Beruf oder Berufung. Lebensziel. Laufbahn. Vaterrolle. Tragen von Verantwortung aus Pflichtgefühl.

**Das 11. Haus**
Freunde, Kameraden. Vereine, Gruppen Gleichgesinnter, Clubs. Gruppenaktivitäten. Soziale Kontakte unter Gleichgesinnten.

**Das 12. Haus**
Verlust, Einsamkeit, Besinnung. Geheime Feinde. Isolation. Loslassen und Ergebenheit in sein Schicksal. Annehmen seiner Grenzen.

Für die Planeten in den Häusern siehe Kapitel 11 (Deutung der Planeten in den Zeichen). Ein Planet im Widder gilt als Planet im 1. Haus, ein Planet in Stier gilt als Planet im 2. Haus usw.

# 15. Stundenastrologie in Kürze

Bis jetzt haben wir uns gut geschlagen, solange unser Beispiel ein Geburtshoroskop ist. Nun können wir hier nicht alle Deutungsmöglichkeiten unter die Lupe nehmen. Unser Geburtshoroskop ist einen Momentaufnahme, der Zustand zu einem bestimmten Zeitpunkt. Ich erstellte es, als die ersten Anfänge zu diesem Buch gelangen. Davor lag eine lange Periode, in der ich etwas schrieb, das Geschreibsel wieder zerriß und wieder etwas schrieb und zerriß und so weiter. Irgendwann hatte ich den Dreh gefunden, wenn es auch etwas dauerte. Als ich spürte, daß es nun gelingen könnte, erstellte ich das Beispielhoroskop.

Ein Horoskop, welches das Errechnen der besten Zeit bzw. der geeignetsten Stunde für ein Vorhaben beinhaltet, nennen wir *Stundenhoroskop*. Stundenhoroskope unterscheiden sich von Radixhoroskopen (Geburtshoroskopen). In der Radix finden wir die Möglichkeiten, eine Persönlichkeit zu entwickeln. Leider müssen wir in vielen Fällen mit gerundeten, ungenauen oder gar falschen Geburtszeiten arbeiten. Bei einem Geburtshoroskop ist jederzeit größte Vorsicht bei der Deutung geboten, da alle Faktoren sehr stark von genauen Zeitpunkt abhängig sind. Für die ersten astrologischen Schritte, wie wir sie in diesem Buch tun, kommt es auf ein viertel Stündchen oder zwanzig Minuten nicht an. Die wirken sich in der Deutung (für unsere Übungsverhältnisse) nicht so gravierend aus. Wir sind hier auch mit der Deutung vorsichtig. Zwar engt das die Zahl der Deutungselemente etwas ein, aber wir reduzieren uns damit nur die verläßlichen Faktoren.

Ich sprach oben schon das Problem der verschiedenen Häusersysteme an. Manche haben als Ausgangspunkt den Aszendenten, andere den MC. Manche laufen im Uhrzeigersinn, andere entgegen. Man kann die Untergliederung auf zeitlicher oder örtlicher Basis vornehmen. Obendrein verändert sich der Horizont des Tierkreises in Höhe des Polarkreises recht merkwürdig, wodurch der Aszendent in großen Bereichen schlicht unberechenbar ist. Daneben ist die Geburtszeit, wie schon gesagt, oft unsicher.

Im Stundenhoroskop tauchen diese Probleme nicht auf. Wir gucken genau auf die Uhr und somit entfällt zumindest die Unsicherheit der Zeitangabe. Viele Astrologen, vor allem in vorigen Jahrhunderten, wiesen darauf hin, daß im Stundenhoroskop andere Normen zugrunde gelegt werden können, als im Geburtshoroskop. Letzteres erfaßt das Zusammenspiel der Planeten zum Zeitpunkt der Geburt. Dabei kommt ein Mensch auf diese Welt, über den zu urteilen es ein außerordentliches Verantwortungsgefühls bedarf. Der Moment der Geburt ist ein ausgesprochen subjektiver Augenblick, der kaum das jeweilige astrologische System berücksichtigt, daß dieser oder jener Astrologe gerade zufällig verwendet. Dieser Moment ist fixiert für diese eine Person und da haben wir überhaupt keinen Einfluß darauf. Anders sieht es bei einem Stunden- oder Fragenhoroskop aus.

Wer sich manchmal Tarot-Karten legt, weiß, das er auf die eine oder andere Weise gerade von den Karten besonders angezogen wird, die Auskünfte oder Anregungen über das Problem geben, womit er gerade beschäftigt ist. Das Fragenhoroskop kann uns möglicherweise im passenden Augenblick eine Antwort auf unsere Fragen geben. Manche befragen in solchen Momenten das I Ging, andere legen sich Tarot-Karten, wieder andere versenken sich in eine Kristallkugel oder lesen Runensteine.
Es sollte natürlich keine unsinnige Frage sein, mit der wir das Schicksal herausfordern wollen. Auf eine solche Frage bekommen wir mit keiner Methode einen verläßlichen Hinweis. Es ist meine feste Überzeugung, daß ein Problem eine Lösung findet, wenn die Zeit dafür reif ist. Wenn dieser Moment da ist (man spürt das), sollte der Betreffende zu einem guten Freund, zu einem Psychologen oder eben zu einem Astrologen gehen, der ihm bei der Findung der Antwort helfen kann. Wichtig ist sicher, daß die begleitende Person sich in das Problem hineinfühlen kann. Doch fühlt sich der oder die Ratsuchende regelrecht zu der Person hingezogen, die richtige Antwort bereit hält. Insofern spielt bei einem Astrologen das System, nach dem er arbeitet, durchaus eine Rolle.

Vergessen Sie nicht, daß das *Radixhoroskop* etwas völlig anderes ist, als das Stundenhoroskop. Wenn man ein Horoskop im Moment einer Frage erstellt, ohne es mit der Radix zu vergleichen, nennen wir das ein *Fragenhoroskop*. Die reine Berechnung ist in beiden Fällen genau die gleiche. Doch im Radixhoroskop müssen wir mit den Deutungselementen viel vorsichtiger umgehen. Ein Geburtshoroskop basiert auf viel unsicheren Daten, als ein Fragenhoroskop. Die Radix gibt ein Bild der Geburt, also eines Faktums, wieder. Im Stundenhoroskop hingegen spielt die persönliche Interpretation eine große Rolle. Bei einem Geburtshoroskop können wir uns viel weniger persönliche Deutungen erlauben.
Ich gehe hier nur näher auf die Stundenastrologie eingegangen, weil das von mir als Beispiel verwendete Horoskop als Stundenhoroskop entstanden ist. Wenn Sie mögen, beschäftigen Sie sich mehr damit. Ich kann hier nur eine kleine Auswahl der Möglichkeiten vorstellen. Geraten Sie aber nicht in Versuchung, alles denkbaren Varianten aufzugreifen. das wäre der sicherste Weg, eben diesen Weg aus den Augen zu verlieren. Machen Sie sich mit dem

Handwerkszeug vertraut, dann können Sie weitergehen und suchen, was Sie nutzen wollen.

### *Aufbau eines Stunden- oder Fragenhoroskops*

Notieren Sie den Zeitpunkt, an dem Ihnen eine wichtige Frage durch den Kopf schießt (Fragenhoroskop) oder in dem etwas Wichtiges geschieht (Stundenhoroskop). In den folgendem Beispielen arbeiten wir mit dem Häusersystem nach Placidus. Dieses ist das derzeit meistverwendete.

### Die Herren der Häuser

Der *Frager* (oder bei einem Stundenhoroskop das *Geschehnis*) ist Herr 1. Was wir über ihn erfahren können, finden wir im 1. Haus (oder im 1. Feld). Findet sich hier keine Auskunft, dann vertagen Sie die Frage auf einen späteren Zeitpunkt und versuchen Sie es dann noch mal.
Verschieben Sie die Frage auch auf später, wenn der Aszendent der Frage in den ersten oder letzten Graden eines Zeichen steht. Es sind dann noch Veränderungen in Gang.
Beachten Sie, welche Häuser mit der Frage zu tun haben. Welche Planeten herrschen über diese Häuser? Beschränken Sie sich zu Anfang auf wenige Faktoren. Üben Sie erst mit den Basiselementen und bauen Sie dann Ihre Kenntnisse weiter aus. [2,24]

### *Fallbeispiel für ein Fragenhoroskop*

Amanda will Geld im Ausland anlegen. Sie antwortete auf die Zeitungsannonce eines Anlageberaters und erwartet nun den Besuch eines Vertreters der Firma. Soll Sie auf dessen Angebote eingehen?

Rotterdam, 8. November 1988 um 12.55 Uhr

Zuerst: Wer ist Herr 1? Der Herrscher des Zeichens, in dem das 1. Haus beginnt, ist der Herr Nr. 1, der Frager. Wir sehen mehrere Zeichen im 1. Haus beginnen. Die Herrscher davon nennen wir die Nebenherren. Sie gilt es ebenfalls zu berücksichtigen.

### *Die Häuserspitzen*

Den Anfangspunkt eines Hauses nennen wir Häuserspitze. Der 1. Herr ist der Aszendent. Das 1. Haus (Aszendent) beginnt im Steinbock. Demnach ist hier der Herrscher im Zeichen Steinbock der 1. Herr, nämlich Saturn. Im 1.

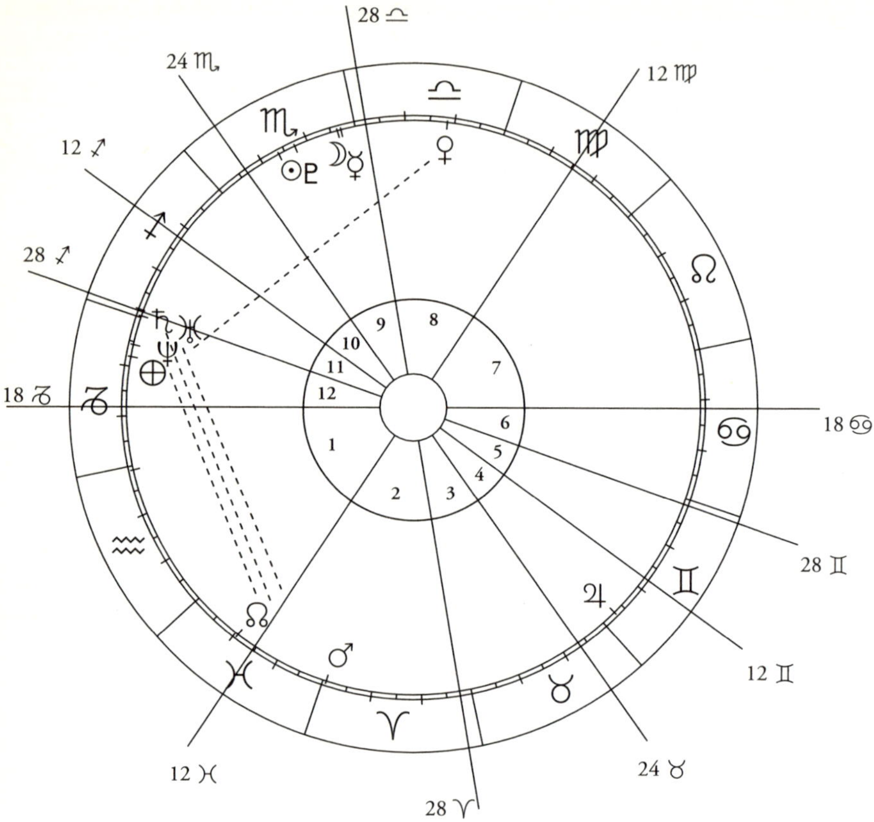


| | ☉ | ☽ | ☿ | ♀ | ♂ | ♃ | ♄ | ♅ | ♆ | ♇ | ☊ | ⊗ | Asz | MC |
|---|---|---|---|---|---|---|---|---|---|---|---|---|---|---|
| Sonne ☉ 16,18' ♏ | | | | | | | | | | | | | | |
| Mond ☽ 3,40' ♏ | | | | | | | | | | | | | | |
| Merkur ☿ 2,57' ♏ | | ☌ | | | | | | | | | | | | |
| Venus ♀ 11,32' ♎ | | | | | | | | | | | | | | |
| Mars ♂ 0,42' ♈ | | | | | | | | | | | | | | |
| Jupiter ♃ 3,00' ♊ | | | | | ⚹ | | | | | | | | | |
| Saturn ♄ 29,37' ♐ | | ⚹ | ⚹ | | □ | □ | | | | | | | | |
| Uranus ♅ 28,42' ♐ | | ⚹ | ⚹ | | □ | □ | ☌ | | | | | | | |
| Neptun ♆ 8,07' ♑ | | ⚹ | ⚹ | □ | □ | □ | | | | | | | | |
| Pluto ♇ 12,40' ♏ | ☌ | | | | | | | | ⚹ | | | | | |
| Mondknoten ☊ 10,37' ♓ | | | | | | | | | | | | | | |
| Glückspunkt ⊕ 5,35' ♑ | | | | | | | | | | | | | | |
| Asz 18,13' ♑ | ⚹ | | | □ | | | | | | | | | | |
| MC 23,30' ♏ | | | | | | | | | | | | | | |

Haus beginnen auch die Zeichen Wassermann und Fische, deren Herrscher Uranus und Neptun sind die Nebenherren 1. Diese drei Planeten stehen allesamt dicht an dicht im 12. Haus. Das kann zunächst auf Verluste hindeuten oder auf eigene Ängste vor Verlusten. Schauen wir, wie der Rest aussieht. Auch das 2. Haus ist beteiligt. Hier geht es um ihren Besitz. Das zweite Haus beginnt in den Fischen. Der Herrscher der Fische ist Neptun, somit hier Herr 2. Im 2. Haus beginnt auch das Zeichen Widder. Dessen Herrscher Mars ist Nebenherr 2. Was bewirken Neptun und Mars in Bezug auf Geld? Neptun steht im 12. Haus. Das Geld kann also verloren gehen. (Neptun war auch Nebenherr 1 und verwies da auf Verlustängste; hier, als Herr 2, deutet er auch direkt auf Geldverlust hin). Mars ist Herr 2 und steht in Haus 2, bildet aber ein Quadrat mit Saturn und Uranus, den Herren 1 und 2.

Insgesamt schlechte Vorzeichen. Eigentlich brauchen wir schon gar nicht weiter zu prüfen. Doch übungshalber tun wir es trotzdem. Im 3. Haus finden wir Auskünfte über Geldtransaktionen. Das 3. Haus beginnt im Widder, dessen Herrscher Mars ist. Das hatten wir schon, nicht unbedingt zum Besten. Im 3. Haus beginnt auch Stier, dessen Herrscher Venus ist. Venus ist also hier Nebenherr 3. Venus selbst steht im 8. Haus und bildet ein Quadrat mit Neptun (Nebenherr 1 und Herr 2) im 12. Haus. Wieder ein schlechtes Zeichen. Die ganze Transaktion riecht nach Betrug und sollte besser unterlassen werden. Sehen wir nach dem Glückspunkt. Gehen Sie dabei mit Hilfe des Aspektfinders vor, wie in Kapitel 10 beschrieben. Sie werden den Glückspunkt auch im 12. Haus finden. Alles in allem deutet auf eine recht dubiose Geschichte. Die ganze Konstellation rät unisono von dieser Transaktion ab.

### *Dasselbe Fragenhoroskop als Stundenhoroskop*

Die im Fragenhoroskop beteiligten Herren werden in einem Stundenhoroskop mit den Radixpositionen der Fragestellerin verglichen. Damit erhalten wir den *Transit* dieses Augenblicks. Transite sind zeitliche Einflüsse.
[Man versteht darunter Übergänge der laufenden Planetenbewegung über die als fix vorgestellten Orte, Planetenwinkel usw. des Geburtshoroskops. Die Dauer eines Transits ist je nach Geschwindigkeit des Planeten sehr unterschiedlich. Die Transitdauer beträgt z.B. bei Uranus 42 Tage, bei Neptun 56 Tage, Saturn 35 Tage, Jupiter 21 Tage, Mars 6 Tage, Sonne 5 Tage, Mond 10 Stunden. Erreicht ein Planet (z.B. Jupiter) in dem heutigen Stundenhoroskop die Stelle, an der im Radixhoroskop ein anderer Planet (z.B. Sonne) stand, so sprechen wir von einem Transit, in diesem speziellen Fall von einer Konjunktion]

Transite als Horoskopfaktoren hier detaillierter auszuführen, würde den Rahmen sprengen. Doch schauen wir uns die zeitlichen Einflüsse hier ganz kurz an, denn sie liefern tatsächlich eine Bestätigung dessen, was wir oben schon gesehen haben. Dazu muß man natürlich erst die Planetenposition zur Geburt der Fragestellerin und die sich daraus ergebenden Aspekte usw. berechnen und mit den hier gefundenen vergleichen. Diese Rechnerei lasse ich hier mal außen vor und stelle nur die Ergebnisse des Vergleichs vor.

Saturn und Uranus in der momentanen Position lieferten keine Aspekte in Bezug auf das Geburtshoroskop von Amanda. Neptun hingegen tendiert in Richtung Opposition zur Jupiterposition ihrer Radix und das dauert Monate an. Diese Konstellation kann auf Schwindel (Neptun) in Kapialangelegenheiten (Jupiter) deuten. Mars hat keinen Transit. Pluto heute bildet ein Quadrat zum Radix-Merkur. Das dauert ebenfalls lange an. Ein Hinweis auf Manipulationen (Pluto) in Geldsachen (Merkur).
Wie wir dieses Horoskop zu Amandas Frage „Soll ich auf das Angebot eingehen?" auch betrachten, alles spricht gegen diese Transaktion.
Soviel zur Übung mit einem Fragenhoroskop, daß sehr deutliche Antworten auf die Fragestellung lieferte. Das ist natürlich nicht immer so klar. Es gibt zudem noch weitere Möglichkeiten der Verfeinerung (siehe dazu weitere Literatur im Anhang[2,20,24]

## „Schlechte" Planeten und „gute" Planeten

Oft werden auch rückläufige Planeten (von der Erde aus gesehen scheinbar gegen ihre Bahnrichtung umlaufend) herangezogen. Wenn der Herrscher des entsprechenden Hauses rückläufig sei, dann würde bei der fraglichen Sache nicht viel herauskommen. Manchmal werden Saturn und Mars als „schlechte" Planeten und Jupiter und Venus als „gute" Planeten. Für mein Gefühl hat aber jeder Planet gute und schlechte Einflüsse, daher treffe ich diese Unterscheidung nicht.

## Fixsterne und Wandelsterne

Andere im Fragen- bzw. Stundenhoroskop gelegentlich berücksichtigte Faktoren sind die Fixsterne. Wenn Sie abends bei sternklarer Nacht in den Himmel schauen, sehen Sie diese wie einen funkelnden Lichterbaldachin scheinbar unbeweglich über sich stehen. Eine Anzahl von Sternbildern liegt mehr oder minder auf der Ekliptik. Sie bilden unseren Tierkreis.
Daneben gibt es noch etliche weitere fixe Sterne, die dort liegen, aber nicht zu einem der zwölf Tierkreiszeichen gehören. Diese kann man in die Deutung

einbeziehen. Wandelsterne dagegen sind die Planeten mit eine je eigenen Umlaufbahn.

## Der Mond, „Void of course" des Mondes und Aszendent

Der Mond wird im Fragenhoroskop meist als „Zeitmesser" gedeutet.[2,24] Ein Grad Abstand zu einem Aspekt entspricht einem bestimmten Zeitraum.
Man kann dann darauf achten, welche Aspektes der Mond eingeht, bis er in ein anderes Zeichen übergeht. Bildet der Mond gar keine Aspekte, bevor er das Zeichen verläßt, nennen wir das *„Void of course"* (= die Leere des Laufs). Aus dieser Leere ist dann auch nicht viel herauszulesen.
Oft wird die Art des Planeten berücksichtigt, der auf dem Aszendenten (Spitze des 1. Hauses) steht. So soll Saturn auf dem Aszendenten für einen zähen Verlauf des Angelegenheit sorgen. Bei günstiger Aspektierung aber bedeutet er Stabilität. Mars auf dem Aszendenten beispielsweise soll einen raschen Verlauf bewirken, bei disharmonischer Aspektierung kann aber Übereile und Aggression im Spiel sein.
Gehen Sie so unkompliziert wie möglich mit den Horoskopfaktoren um. Analysieren Sie nicht bis ins Endlose jedes winzige Detail, wenn die Antwort im Wesentlichen eigentlich klar ist. Wenn Sie sich zu lange mit einem Fragenhoroskop herumplagen, ist das ein deutliches Zeichen, daß die Zeit noch nicht richtig reif für eine klare Antwort ist. Lassen Sie die Sache eine Weile liegen und versuchen Sie es später noch einmal.

### *Einzeichnen der Aspekte in das Fragen- oder Stundenhoroskop*

Bei der Erstellung eines Geburtshoroskops zeichnen wir alle gefundenen Aspekte ein. Ich hatte hier als Orbis 5° Spielraum verwendet. Das da aber auch andere Größenordnungen möglich sind hatte ich oben schon gesagt. Wählen Sie die Orbisgröße, die Ihren eigenen Bedürfnissen entspricht. Manchmal bilden die Aspekte richtige Figuren. Dann spielen einige Planeten zusammen.[10,19a] Wenn eine Figur dadurch deutlicher wird, spricht nichts dagegen, den Spielraum einfach um 1° zu vergrößern.
Auch im Fragenhoroskop habe ich 5° Orbis zugrunde gelegt. Genau wie beim Geburtshoroskop können Sie den Orbis entsprechend anpassen. Mit dem Aspektsucher habe ich im Geburtshoroskop *alle* Aspekte gesetzt. Im Stundenhoroskop berücksichtigen wir nur die Planeten die Herrscher der Häuser sind, die mit unserer Frage zu tun haben. Und auch nur die Aspekte, die diese Herren bilden, zeichnen wir ein. Dadurch wird alles viel übersichtlicher.

# 16. Der Aufbau einer einfachen Charakterskizze: Gudrun

Zwar braucht es etliche Jahre Praxiserfahrung sowie gute Kenntnisse von Psychologie, Graphologie, Mimiklesen und dergleichen, um anderen nach bestem Wissen und Gewissen astrologische Lebenshilfe geben zu können, doch eine simple Charakterskizze kann man schon recht bald erstellen. Dieses Niveau haben Sie mit dem bisher Gelernten jetzt erreicht.
Mit Hilfe der Astrologie können wir später eine ausführliche Charakteranalyse erstellen, womit wird durchaus Ratschläge für bestimmte Lebensgebiete geben können. Sehr dankbar für den Anfang sind Erziehungsanalysen. Das junge Leben ist durch seine Umgebung noch nicht überformt und hat noch alle Chancen der Entwicklung. Auch Beratungen in Geschäftsangelegenheiten oder Personalauswahl sind möglich, bedürfen aber einer längeren Praxiserfahrung. Wir können Menschen bei der Partnerwahl unterstützen, etwa indem wir astrologische Hinweise auf schwache bzw. starke Punkte in einer Beziehung finden. Bei einer Prognose können wir z.B. sagen, welche Lebensgebiete sich in einem kommenden Zeitraum positiv entwickeln werden. Daneben können wir auch sagen, von welchen Projekten man besser zunächst die Finger lassen sollte. Sehr selten werden Sie auf Klienten stoßen, die sich in einer richtigen Zwickmühle befinden. Hier können Sie dann deutliche Warnungen in die eine oder andere Richtung aussprechen.
Wer zum Astrologen kommt, um seine Zukunft vorhergesagt zu bekommen, ist hier nicht an der richtigen Adresse. Der Mensch muß selbst seine Entscheidungen treffen und diese Entscheidungen können und dürfen wir ihm als Astrologen nicht abnehmen. Würden wir es tun, würden wir ihn auf seinem Weg zur eigenen Vollkommenheit nur behindern.

Vor allem, wenn Sie noch am Anfang Ihrer astrologischen Karriere stehen, sollten Sie auch mit einer Charakterskizze sehr vorsichtig sein. Fertigen Sie einen gut lesbaren Bericht darüber an, ohne zu sehr hinsichtlich schwieriger Probleme oder Krankheiten in die Tiefe zu gehen. Daran sollten Sie sich wirklich erst nach jahrelangen Studien und Erfahrungen heranwagen. Gerade in den letzten Jahren sind hunderte sogenannter Astrologen auf den Markt getreten, die kaum mehr Grundkenntnisse als Sie jetzt haben. Ich hoffe, Sie verstehen, wie verantwortungslos so etwas ist.

Wir wollen jetzt daran gehen, unsere Charakterskizze zu entwerfen.
Analysieren Sie, welche Bedeutungen Sonne, Mond, Merkur, Venus, Mars und Aszendent hinsichtlich der Persönlichkeit haben. Beachten Sie die Zeichen, worin diese Planeten stehen. Also etwa: Merkur in Jungfrau bedingt eine kritische Sicht auf die Dinge und vorsichtige Wortwahl. Wenn Merkur schwierig steht, ist derjenige zu schnell mit Kritik bei der Hand.
Beachten Sie dann die Aspekte, die jeder Planet eingeht. Wägen Sie besonders die Fakten ab, die Ihnen wiederholt begegnen und lassen Sie Dinge, die nur singulär auftauchen zunächst besser außer acht. Berücksichtigen Sie immer die Erziehung, das Milieu und die Umgebung des Menschen, sein Lebensalter, seine geistige Reife, seine Religion und kulturelle Einbettung und eventuelle erbliche Abweichungen. Diese Gegebenheiten finden Sie nicht im Horoskop, dennoch sind Sie sehr wichtig. Schon Ptolemäus beschrieb solche relevanten Faktoren, die nicht direkt im Horoskop zu finden sind und nannte landschaftliche Herkunft, Milieu, erbliche Faktoren und Entwicklung.[27]
Wenn Sie das alles berücksichtigen, werden Sie ein recht schlüssiges Protokoll anfertigen können. Der Tiefgang kommt später von alleine.

### *Beispiel einer einfachen Skizze: Gudrun*

Dieses Beispielhoroskop ist nur ein erster Ansatz, es ist noch lange nicht komplett.

*Fakten*
- Sonne in Steinbock, Sextil mit Saturn, Trigon mit MC
- Mond in Jungfrau, Quadrat mit MC
- Merkur in Steinbock
- Venus in Wassermann
- Mars in Stier, Quadrat mit Uranus
- Aszendent in Jungfrau, Konjunktion mit Pluto

Um ein komplettes Horoskop zu zeichnen, haben wir noch zuwenig Angaben, aber für eine Aspektetabelle reichen sie aus. Analysieren Sie nun, was die angegebenen Planeten in ihren Zeichen und was die Aspekte bedeuten könnten. Gehen Sie dabei nicht zu tief, man könnte jeweils etliche Buchseiten über einen Aspekt füllen. Auch ich gebe hier nur einige Andeutungen.
Versuchen Sie gleich von Anfang an, Bedeutungen zu *erspüren*. Verwenden Sie anfangs ruhig viel Zeit darauf, so werden Sie vertraut mit der Planeten- und Zeichensymbolik. Spüren Sie selbst also den Bedeutungen nach und schreiben Sie nicht einfach nur ab, was irgendwo darüber geschrieben steht. Versenken Sie sich in die fragliche Person und versuchen Sie, die ganz spezi-

| | ☉ | ☽ | ☿ | ♀ | ♂ | ♃ | ♄ | ♅ | ♆ | ♇ | ☊ | ⊗ | Asz | MC |
|---|---|---|---|---|---|---|---|---|---|---|---|---|---|---|
| Sonne ☉ ♑ | | | | | | | | | | | | | | |
| Mond ☽ ♍ | | | | | | | | | | | | | | |
| Merkur ☿ ♑ | | | | | | | | | | | | | | |
| Venus ♀ ♒ | | | | | | | | | | | | | | |
| Mars ♂ ♉ | | | | | | | | | | | | | | |
| Jupiter ♃ | | | | | | | | | | | | | | |
| Saturn ♄ | ⚹ | | | | | | | | | | | | | |
| Uranus ♅ | | | | | □ | | | | | | | | | |
| Neptun ♆ | | | | | | | | | | | | | | |
| Pluto ♇ | | | | | | | | | | | | | | |
| Mondknoten ☊ | | | | | | | | | | | | | | |
| Glückspunkt ⊕ | | | | | | | | | | | | | | |
| Asz ♍ | | | | | | | | | | ☌ | | | | |
| MC | △ | □ | | | | | | | | | | | | |

| | kardinal | fix | veränderlich | |
|---|---|---|---|---|
| Feuer | ♈: | ♌: | ♐ : | 0 |
| Erde | ♑: ☉ ☿ | ♉: ♂ | ♍ : ☽ Asz | 5 |
| Luft | ♎: | ♒: ♀ | ♊ : | 1 |
| Wasser | ♋: | ♏: | ♓ : | 0 |

elle Deutung dieses einen Aspektes oder Planetenstandes für dieses singuläre Bild zu erfassen.

*Beantworten Sie dann folgende Fragen:*

- Ist sie (hier: Gudrun) effizient oder nachlässig?
- Versinkt sie in Emotionalität?
- Kann sie relativieren?
- Neigt sie dazu, sich in Routinearbeit zu ergehen oder hat sie dies vielleicht schon getan?
- Gibt es in diesem Horoskop Anzeichen von Selbstbeherrschung? Kann das vielleicht umschlagen in Wut? Passiert das regelmäßig oder eher selten, wenn sie sich zuviel beherrscht?
- Wäre sie etwa eine gute OP-Schwester? Oder ist sie eher ein mütterlicher Typ, der gut mit Kindern umgehen kann?
- Betrachten Sie, was Sie gefunden haben und lesen Sie erst dann weiter.

Wir fertigen nun eine kurze Skizze an, um einen ersten Eindruck von dieser Person zu bekommen:

*Das wahre Ich (Sonne)* Wir haben es hier mit einer seriösen, vorsichtigen Person voller Pflichtbewußtsein und Durchhaltevermögen zu tun (Sonne im Steinbock mit Sextil zum Saturn). Sie steckt ihre ganze Energie gerne in die Arbeit (Sonne im Steinbock mit Trigon zum MC).
*Gefühlsleben (Mond)* Sie beherrscht ihre Gefühle und trägt sie nicht vor sich her (Mond in Jungfrau). Sie kann nüchtern und objektiv anderen zuhören (Mond in Jungfrau, Trigon mit Merkur in Steinbock). Weniger geeignet für Arbeiten, in denen Gefühl hilfreich wäre (Mond im Quadrat mit MC).
*Kontakte, Denken und Sprechen (Merkur)* Im Denken und Sprechen ist sie faktenorientiert, vorsichtig und logisch. Ihre Äußerungen zeugen von Ernsthaftigkeit. Sie ist in ihrer Art zu sprechen etwas distanziert (Merkur in Steinbock), dennoch wohlwollend (Mond im Trigon zu Merkur). Stünden Mond und Merkur in Wasserzeichen, würde dieser Aspekte etwas abgeschwächt und gefühlvoller erscheinen. Hier weist er auf Wohlwollen hin.
*Hobbys und Freundschaft(Venus)* Wenngleich ihre ganze Person (Steinbock in Jungfrau) zur Ernsthaftigkeit, ja zur Schwermut neigt und ihr Auftreten zurückhaltend und vorsichtig ist (Aszendent in Jungfrau), legt sie großen Wert auf Kameradschaft (Venus im Wassermann). In Bezug auf ihre wenigen, sorgsam gewählten Freunde (dafür sorgen Jungfrau und Steinbock, die sich selektiv und wenig überschwenglich auswirken) ist sie jedoch spontaner und freier (Venus im Wassermann) als in ihrem normalen Verhalten (Steinbock und Jungfrau). Sie bindet sich nicht gern und kann gut allein sein. Ihren Hobbys sollte sie durchaus mehr Aufmerksamkeit widmen. Sie nimmt das Leben sehr ernst und kommt dadurch in puncto Lebensfreude etwas zu kurz (sowohl Jungfrau als auch Steinbock sind ernste Zeichen). Ein nützliches, handwerkliches Hobby wäre genau nach ihrem Geschmack (einfach schöne Dinge tun, die keinen Nutzen haben, liegt nicht im Sinne von Jungfrau und Steinbock). Des weiteren gefallen ihr logisch-sachliche Gespräche auf kameradschaftlichem Niveau über ernste Themen.
*Willenskraft, Aggression, Selbstsicherheit (Mars)* Die Energie kommt nur mühsam in Schwung, wenn sie aber erst einmal im Gange ist, ist sie so schnell nicht wieder zu stoppen (Mars in Stier). Dann erkennen wir eine starrköpfige Ausdauer (auch Steinbock hat solch eine Ausdauer). Aggressionen werden nicht schnell geäußert, zumal die ganze Persönlichkeit zur Beherrschung neigt. Wenn sie jedoch einmal die Zügel losläßt, dann explodiert sie (Mars in Stier im Quadrat zu Uranus). Dauernde Selbstbeherrschung kann zu psychischen Spannungen führen.
*Das Auftreten nach außen (Aszendent)* ist beherrscht und etwas distanziert (Aszendent in Jungfrau). Ihre starke Persönlichkeit wirkt sehr präsent (Aszen-

dent in Konjunktion mit Pluto), kurz, man merkt deutlich, wenn sie anwesend ist.

*Einstellung zum Leben (MC)* Sie will und kann hart arbeiten und sich voll für ihre Arbeit engagieren. (Sonne im Steinbock im Trigon zum MC). Es fällt ihr schwer Aufgaben zu bewältigen, die emotionale Beteiligung erfordern (MC im Quadrat zum Mond, des weiteren Steinbock und Jungfrau).

Nun können wir die oben gestellten Fragen beantworten:

- Sowohl Jungfrau als auch Steinbock bewirken Effizienz. Beide Zeichen sind bei Gudrun stark vorhanden.
- Ein emotionaler Typ ist sie sicher nicht. Mond im nüchternen Zeichen Jungfrau. Des weiteren steht der Mond im Quadrat zum MC, wodurch Gefühl und Arbeit schwer miteinander zu vereinbaren sind.
- Routinearbeit kann sich sehr gut ausführen. Viele Faktoren in den Erdzeichen, die immer genau wissen wollen, woran sie sind.
- Sowohl Jungfrau und Steinbock, als auch Mars in Stier werden nicht schnell ungehalten. Schluckt ihre Aggressionen lieber, als sie zu äußern.
- ab einem bestimmten Punkt ist es aber zuviel und dann wird sie (allerdings sehr selten) mit Mars in Stier im Quadrat zum Uranus explodieren. Mars zeigt immer die Art und Weise der Aggressionsäußerung: kommt schwer in Gang, ist dann aber nicht mehr zu stoppen. Mars im Quadrat zum Uranus deutet auf plötzliche Ausbrüche hin.
- Mit ihrer vorsichtigen Art und ihrer effizienten Einstellung sowie mit Pluto auf ihrem Aszendenten wird sie andere dominieren und ist somit geeignet sein für Leitungsaufgaben, allerdings braucht sie eine von Ordnung geprägte Arbeitsatmosphäre.

Nicht in diesem Horoskop zu finden ist Gudruns Vorgeschichte. Die ist aber wichtig.

Durch ihr extrem ausgeprägtes Bedürfnis nach Sauberkeit (möglicherweise als Folge einer Jugend in eher unsauberer Umgebung) kann sie eine panische Angst vor Bakterien und jedweder Ansteckung haben. Das würde sie nicht gerade für eine Tätigkeit in der Krankenpflege empfehlen, dennoch wäre sie vermutlich eine geradezu perfekte OP-Schwester.

Sie sehen, daß wir auch etwas über das Leben bzw. Vorleben der Person wissen müssen, das nicht im Horoskop steht, also etwa Alter, Ausbildung und Bildungsstand, Jugenderlebnisse, finanzielle Möglichkeiten usw.

***Übung***

*Versuchen Sie nun einmal, die hier als Beispiel gegebenen Informationen in Ihren eigenen Worten darzustellen. Tun Sie danach so, als sei dies Horoskop das einen kleinen Kindes und entwickeln Sie daraus einen guten Ratschlag für die Eltern.*

Gehen Sie dabei nicht zu sehr auf schwierige Probleme ein. Wenn Sie gerade erst Geige spielen lernen, müssen Sie auch erst Fingerübungen machen und Tonleitern üben, ehe Sie eine Sonate spielen können. Genauso ist es in der Astrologie: ohne Übung hört es sich genauso schlimm an, wie ein ungeübte Sonate.

# 17. Ein vereinfachter Praxisfall als Übung: Johann

Um es für den Anfang nicht zu schwer zu machen, sind nur die Teile des Horoskops genannt, die mit dem fraglichen Problem zu tun haben. Um jede Wiedererkennbarkeit der realen Person zu verhindern, wurden kleine Veränderungen vorgenommen, das Gesamtbild bleibt jedoch da gleiche.

| | | ☉ | ☽ | ☿ | ♀ | ♂ | ♃ | ♄ | ♅ | ♆ | ♇ | ☊ | ⊗ | Asz | MC |
|---|---|---|---|---|---|---|---|---|---|---|---|---|---|---|---|
| Sonne ☉ | ♉ | | | | | | | | | | | | | | |
| Mond ☽ | ♑ | | | | | | | | | | | | | | |
| Merkur ☿ | ♉ | | | | | | | | | | | | | | |
| Venus ♀ | ♋ | | | | | | | | | | | | | | |
| Mars ♂ | ♏ | | | | | | | | | | | | | | |
| Jupiter ♃ | | | | | | | | | | | | | | | |
| Saturn ♄ | | □ | | □ | | | | | | | | | | | |
| Uranus ♅ | | | | | | ☍ | | | | | | | | | |
| Neptun ♆ | | | | | ⚹ | | | | | | | | | | |
| Pluto ♇ | | | | | | | | | | | | | | | |
| Mondknoten ☊ | | | | | | | | | | | | | | | |
| Glückspunkt ⊕ | | | | | | | | | | | | | | | |
| Asz | ♌ | | | | | □ | | | □ | | | | | | |
| MC | | | | | | | | | | | | | | | |

| | kardinal | fix | veränderlich |
|---|---|---|---|
| Feuer | ♈: | ♌: Asc | ♐: |
| Erde | ♑: ☽ | ♉: ☉ ☿ | ♍: |
| Luft | ♎: | ♒: | ♊: |
| Wasser | ♋: ♀ | ♏: ♂ | ♓: |

Zeichnen Sie zunächst für sich das Horoskop. Es ist zwar nicht vollständig, doch zur Übung reicht es aus.

Zuerst eine kurze Lebensbeschreibung: Johann hatte in seiner Jugend große Kontaktschwierigkeiten. Er war schnell ängstlich, unsicher und langsam in seinen Reaktionen. Verzagt und nicht in der Lage, die Initiative zu ergreifen und etwas eigenständig zum Ende zu bringen. Johann ist der einzige Sohn einer herrischen Mutter, die dauernd mit den besonderen Eigenschaften ihres Sohnes prahlte. Zudem machte sie ihm immer deutlich, daß er ihr schließlich dankbar sein müsse, daß sie ihm überhaupt das Leben geschenkt hatte. In der

Schule hatte er Schwierigkeiten mit dem Lernen, aber er übertrieb seiner Mutter gegenüber seine Leistungen, um sie nicht zu enttäuschen. Mit Hängen und Würgen wurde er jeweils versetzt. Er fühlte sich seinen Klassenkameraden nicht zugehörig, die ihn ordentlich hänselten. Bei der Ausbildung zum Gärtner kam er im zweiten Jahr der Berufsschule nicht mehr mit. Es folgten einige außerschulische Kurse. Die jeweils ersten, guten Zeugnisse schickte er nach Hause, um so vor seiner Mutter (und die wiederum vor Tanten und Nachbarinnen) mit guten Noten zu glänzen.
Soweit die Fakten, wie wir sie kennen. Johanns Frau wollte gern eine Analyse seines Horoskops. Johann war damit einverstanden, wollte aber sonst weiter nichts damit zu tun haben.
Das Horoskop ist gar nicht so furchtbar. Mit einer weicheren, verständnisvolleren Mutter, die weniger darauf aus gewesen wäre, die ideale Mutter zu spielen, hätte dieser Junge es viel leichter gehabt.

## *Deutung der Planeten in den Zeichen*

*Sonne im Stier* ist langsam, entwickelt sich träge. Saturn setzt da noch eine Bremse drauf. Wenn in der tatsächlichen Entwicklung ein Hemmschuh vorhanden ist (hier die Mutter) wirkt sich das noch stärker aus.
*Merkur im Stier*, mit der Bremse des Saturn obendrauf, erklärt die Lernschwierigkeiten, auch die mangelnde Schlagfertigkeit. Jede seiner Antworten kommt zu spät.
*Mars im Skorpion* mit seinen Aspekten beinhaltet Wut und Unzufriedenheit, die irgendwann in vernichtender Härte zum Ausbruch kommt. Schon früher Hatte Johann schreckliche Jähzornausbrüche, wobei er Dinge sagte, die er gar nicht meinte. Denn von Natur aus ist er eigentlich eher ein gemütlicher Mensch, der gerne seine Ruhe haben will.
*Mond in Steinbock* bewirkt großes Vertrauen in die ersten Eindrücke, hier die Mutter.
*Venus im Krebs* steht für die erste Liebe. Diesen Platz hat die Mutter eingenommen. Der harmonische Aspekt mit Neptun bewirkt, daß Johann sich selbst völlig unterordnet und andere idealisiert. Die Mutter war die erste Liebe, weil es unbewußt so gewachsen ist (siehe Mond). Das wirkt tief und lange nach und ist auch verstandesmäßig nicht faßbar.
*Der Aszendent im Löwen* deutet an, daß er sehr wohl empfänglich dafür war, als außergewöhnlicher Sohn aufzutreten. Löwe stellt sich gern und leicht in Pose. Die Spannungsaspekte mit dem Aszendenten weisen auf Jähzornattacken hin, wenn jemand ihn nicht als mehrwertig akzeptiert.
Das *Gesamtbild* deutet also klar auf äußerliche Wichtigtuerei und Selbstbehauptung hin und auf innerliche Angst, Unsicherheit und Trägheit. Johanns Frau hat sich das schon so gedacht und war froh, ihre intuitive Einsicht im

Horoskop bestätigt zu finden. Wir wollten Johann hier nicht als Person demontieren, sondern vielmehr seiner Frau eine Hilfestellung und eine bessere Vorstellung von Johanns Problemen zu geben. Auf diese Weise mußte sie sich nicht mehr derart über ihn ärgern und konnte ihr eigenes Selbstvertrauen wieder aufbauen.
Letzteres hatte Johann nämlich ziemlich ausgehöhlt. Bei jeder Unsicherheit seinerseits warf er ihr vor, sie sei verrückt, ihre ganze Familie sei verrückt (was mit Sicherheit nicht stimmte, doch weil er dieses immer wieder behauptete, glaubte sie es am Schluß schon selbst). Viele ihrer Talente versuchte Johann zu blockieren. Er hatte eine Heidenangst, daß sie eines Tages ihren eigenen Weg (ohne ihn) gehen könnte. Und ungeachtet seiner eigenen Großspurigkeit wußte er, daß dies sein Untergang gewesen wäre.

Das positive Ergebnis dieses Horoskops war, daß die Frau eine Bestätigung ihrer eigenen Sicht der ganzen Situation erhielt. So konnte sie ihr eigenes Leben wieder in die Hand nehmen, ohne sich ständig verunsichern zu lassen. Einige Jahre später hatte sie wieder einen guten Job, auch trotz der Widerstände ihres Mannes. Sie konnte ihre eigenen Fähigkeiten wieder anerkennen und ihr Leben leben, ohne sich Schuldgefühle einreden zu lassen. Sie akzeptierte, daß Johann aufgrund seiner Anlagen einige Hemmungen hatte, die durch seine herrische Mutter noch verstärkt worden waren. Sie war jetzt auch in der Lage, Verständnis für ihren Mann aufzubringen anstelle ohnmächtiger Verzweiflung.

Sie haben inzwischen schon verstanden, daß wir bei einem Horoskop (erst recht am Anfang) nicht einfach blind drauflos deuten dürfen. Wir können viel positiver auf die Person eingehen, wenn wir etwas über ihren Hintergrund wissen. Dann können wir durch gezielte Frage herausarbeiten, wie die Anlagen in seinem Horoskop sich vor dem Hintergrund von Umgebung und Milieu entfalten konnten. Das wußte schon Ptolemäus im ersten nachchristlichen Jahrhundert.
Auch für Sie selbst ist es ein viel angenehmeres Arbeiten, wenn Sie durch das Horoskop in ein tiefer gehendes Gespräch kommen. Auf diese Weise lernen Sie, bestimmte Muster wiederzuerkennen. Sie selbst entwickeln Menschenkenntnis und Selbstvertrauen. Sie sollten Astrologie nicht als Arbeit auffassen. Glauben Sie mir, wenn ich Ihnen sage, daß das fesselndste an der Astrologie immer wieder das Ausprobieren, das Suchen und Vergleichen ist.
Im nächsten Kapitel werden wir ein etwas schwierigeres Horoskop behandeln. Und so kommen wir Schritt für Schritt voran.

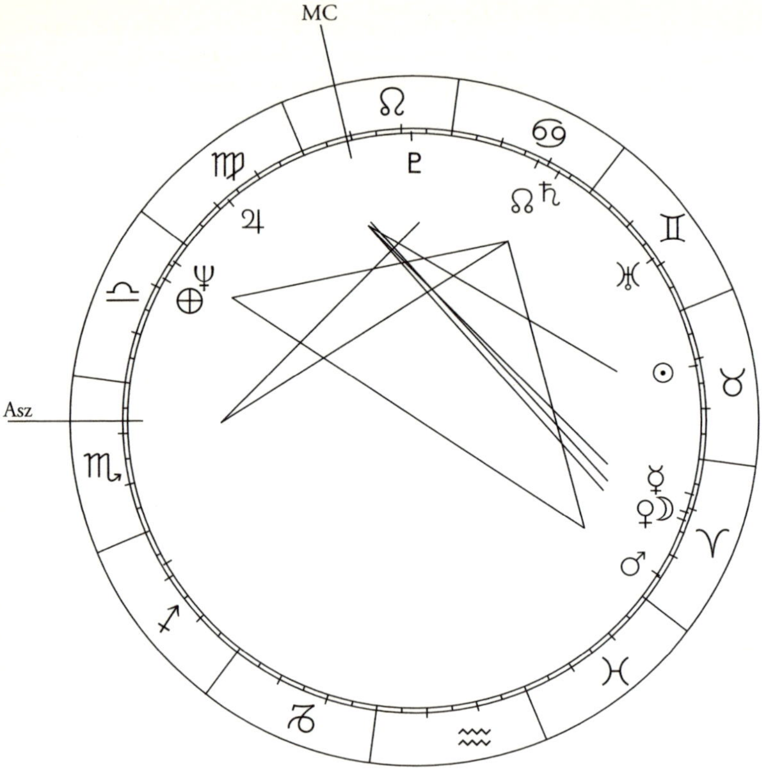


| | ☉ | ☽ | ☿ | ♀ | ♂ | ♃ | ♄ | ♅ | ♆ | ♇ | ☊ | ⊗ | Asz | MC |
|---|---|---|---|---|---|---|---|---|---|---|---|---|---|---|
| Sonne ☉18,43' ♉ | | | | | | | | | | | | | | |
| Mond ☽19,02' ♈ | | | | | | | | | | | | | | |
| Merkur ☿22,46' ♈ | | ☌ | | | | | | | | | | | | |
| Venus ♀17,22' ♈ | | ☌ | ☌ | | | | | | | | | | | |
| Mars ♂ 5,18' ♈ | | | | | | | | | | | | | | |
| Jupiter ♃17,34' ♍ | △ | | | | | | | | | | | | | |
| Saturn ♄ 7,24' ♋ | | | | | □ | | | | | | | | | |
| Uranus ♅ 11,45' ♊ | | | | | | | | | | | | | | |
| Neptun ♆ 4,00' ♎ | | | | | ☍ | | □ | | | | | | | |
| Pluto ♇ 8,00' ♌ | | | | | △ | | | ⚹ | ⚹ | | | | | |
| Mondknoten ☊ 11,59' ♋ | | | | | | | | | | | | | | |
| Glückspunkt ⊕ 7,55' ♎ | | | | | | | | | | | | | | |
| Asz 8,00' ♏ | | | | | | | △ | | | □ | | | | |
| MC 21,00' ♌ | □ | △ | △ | △ | | | | | | | | | | |

| | kardinal | fix | veränderlich | |
|---|---|---|---|---|
| Feuer | ♈: ☽☿♀♂ | ♌: ♇ MC | ♐ : | 6 |
| Erde | ♑: | ♉: ☉ | ♍ :♃ | 2 |
| Luft | ♎: ♆ | ♒: | ♊ : ♅ | 2 |
| Wasser | ♋: ♄ | ♏: Asz | ♓ : | 2 |
| | 6 | 4 | 2 | |

# 18. Die Deutung eines Horoskops: Gerhard

Nun wollen wir ein weiteres Horoskop aus der Praxis betrachten. Um die Privatsphäre zu schützen, gebe ich hier keine persönlichen Daten an, nur das für die Auswertung unbedingt notwendige.
Gerhard ist Geschäftsmann. Zu Hause steht es nicht zum besten. Seine Frau hat auch einen harten Job und die beiden leben mehr und mehr nebeneinander her.

### *Das Horoskop mit der Deutung der Planeten in den Tierkreiszeichen*

Wir zeichnen das Horoskop. Lesen Sie dazu am besten noch mal das Kapitel 7. Weisen Sie dann *Kreuze* und *Elemente* zu. Wir erkennen eine Überzahl an Feuerzeichen: Energie, viel Aktion. Das erste, was auffällt ist, daß Gerhards Sonne im Erdzeichen Stier dadurch Gefahr läuft, keine Ruhe zu finden. Stiere brauchen Stabilität, feste Gewohnheiten, Komfort und Ruhe. Der erste Eindruck hier: Ein Mann, der an sich selbst vorbeiläuft.
Die Unterschiede in den Kreuzen sind nicht sehr groß. Daher lassen wir sie im Moment außer acht. Vielleicht kommen wir später darauf zurück, wenn wir doch noch mehr Deutungsmaterial brauchen. Wir wollen uns erst die deutlichsten Hinweise ansehen.
Wiederholen Sie nun noch einmal Kapitel 9 und suchen Sie dann die Aspekte dieses Horoskops zusammen. Zeichnen Sie sie ins Horoskop ein: die Spannungsaspekte (Opposition und Quadrat) mit rot, die Harmonieaspekte (Dreieck und Sextil) in blau, Konjunktionen in grün.
Schauen Sie sich nun noch einmal in Kapitel 11 die *Deutung der Planeten in den Tierkreiszeichen* an. Lesen Sie nach, welche Bedeutung Sonne in Stier hat und versuchen Sie das nachzuempfinden. Schreiben Sie die Bedeutung dann in eigenen Worten auf. Es ist sehr hilfreich, sich von jedem Planeten und jedem Aspekt ein Karteikärtchen anzulegen. Dieses können Sie jeweils ergänzen bzw. später die benötigten Elemente für das anliegende Horoskop auswählen. So müssen Sie nicht immer ganz von vorn anfangen.
Suchen Sie dann in Kapitel 12 die entsprechenden *Deutungen der Aspekte* heraus. Was bewirken Jupiter und Sonne und welche Folgen hat der disharmonische Aspekt zwischen Sonne und MC?
Versuchen Sie, selbst eine kurze Charakteristik von Gerhards Sonne (= seines wahren Ichs) zu schreiben, seiner inneren Bedürfnisse, die beste Möglichkeit der eigenen Persönlichkeitsentfaltung (alles aus der Sonne deutbar). Verfahren Sie ebenso mit dem Mond, mit Merkur, Venus im Widder und ihrem

Aspekt mit dem MC, und auch mit Mars im Widder. Achten Sie auf die Aspekte und stellen Sie vor allem eine Verbindung zu den äußeren Planeten Saturn-Neptun und Neptun-Pluto her.
Vertiefen Sie sich anschließend in das Zeichen Skorpion und seinen Herrscher Pluto. Welche Wirkung hat der mürrische, gewissenhafte und treue Saturn auf den Skorpion? Was bewirkt Pluto aus sich selbst und was in einem disharmonischen Aspekt mit dem Skorpion? Alles das ergibt ein recht rundes Bild der Verhaltensweisen, die Gerhard an den Tag legt, wenn die Dingen nicht so recht laufen oder er in eine Verteidigungsrolle gerät.
Bedenken Sie, wie der MC (= Einstellung zum Ziel des Lebens) im Löwen reagiert. Welche Aspekte wirken daran mit?

Bei weiterer Analysen würden wir noch eine Menge mehr finden, aber für den Anfang lassen wir es dabei bewenden. Viele durchaus talentierte Amateur-Astrologen überfüttern sich mit Detailfragen und verlieren so sie Übersicht. Wenn Sie eine Brahms-Sonate spielen wollen, ohne vorher geübt zu haben oder von den Tonarten gehört zu haben, dann mißlingt das auch. Wollen Sie nicht zu viel auf einmal. Beginnen Sie mit einer einfachen Deutung.

Üben Sie mit einer Vielzahl solcher einfachen Horoskope, z. B. von Freunden oder Bekannten. Ein selbstberechnetes Horoskop ist übrigens auch ein hübsches (und kostengünstiges) Geburtstags- oder Weihnachtsgeschenk, das ihnen ganz nebenbei die nötige Übung verschafft, immer mehr Deutungsmöglichkeiten zu entdecken. Üben Sie, mit Ihrem Klienten zu besprechen, was Sie in seinem Horoskop lesen.

## *Fallgruben und Stolpersteine*

Tappen Sie nicht in die gleichen Fallgruben, in die schon viele hineingefallen sind. Wenn Sie ein Horoskop für jemanden erstellen, glaubt diese Person häufig, daß Sie daraus ihrem Horoskop irgendwelche Wunder lesen können. Manche erheben Sie womöglich zu einer Art persönlichem Guru. Gehen Sie von Anfang an dagegen an. Wedeln Sie alle Weihrauchwolken, die aus dieser Richtung kommen, gleich weg. Andernfalls finden Sie sich, eh Sie sich's versehen, in einer ausgesprochen prekären Situation wieder.
Als weiterer Stolperstein kann sich erweisen, daß plötzlich jeder ein Horoskop von Ihnen will, und Sie pausenlos mit Arbeit eingedeckt sind. Astrologie bedarf der allmählichen, gründlichen Entwicklung. Wer glaubt, gleich am Anfang seiner astrologischen Karriere alles erdenkliche aus einem Horoskop herauslesen zu können, ist schief gewickelt. Das ist noch niemandem wirklich gelungen. Warum sollten gerade Sie der oder die erste sein?

Achten Sie darauf, für wen Sie ein Horoskop erstellen, bevor Sie an die Arbeit gehen. Viele finden es angenehm, wenn Sie erläutern, wie Sie das Gesagte aus dem Horoskop herauslesen. Wenn Sie einer jungen Mutter ein Horoskop für ihr neugeborenes Kind erstellen, fragen Sie sie ruhig nach eventuellen Zukunftsplänen, auf die Sie dann eingehen können. Mit ein bißchen mehr Übung werden Sie merken, daß besonders Geschäftsleute Wert auf eine kurze und prägnante Darstellung der gefundenen Ergebnisse legen. Die Mutter will meist einen ausführlicheren Bericht. Über Sie sich in verschiedenen Formen der textlichen Ausgestaltung, dann finden Sie schon die zur jeweiligen Persönlichkeit passende Form.

## *Kurze Charakterskizze*

*Das wahre Ich (Die Sonne und ihre Aspekte)*
Mit seiner Sonne im Stier und der Sonne im Trigon zu Jupiter hat Gerhard ein großes innerliches Bedürfnis nach Bequemlichkeit, Komfort, schlicht nach einem guten Leben. Es liegt in seiner Natur, die Dinge nicht so schwer zu nehmen. Am liebsten vermeidet er Schwierigkeiten, die ihn in seinem tiefsten Innern berühren. Sonne im Quadrat zum MC deutet oft darauf hin, daß das wahre Ich und seine Taten in Konflikt stehen können oder gar das eine dem anderen weichen muß.

*Gefühlsleben (Der Mond und seine Aspekte)*
Mit Mond, Merkur und Mars im Widder reagiert er prompt, hat schnell eine Antwort parat und geht die Dinge ohne Umweg an. Wenn er seinem ersten Impuls nachgibt, wird er vielleicht schneller reagieren, als es seiner ruhigen Sonne im Stier lieb ist. Mit dem Mond steht Merkur in Konjunktion, beide stehen im Widder. Das bedeutet, Gerhard ist ein gewandter Sprecher. Mond in Konjunktion mit Venus (beide im Widder) kann andere Leute leicht für sich einnehmen und überzeugen. Mond im Trigon mit dem MC, der im Löwen steht, bewirkt, daß Gerhard sich in seiner Arbeit wohl fühlt.

*Denken, Kontakte (Merkur)*
Ein schneller, impulsiver Denker (Widder). Mit Merkur im Trigon zum MC wird er in seiner Arbeit schnell Entscheidungen fällen.

*Vergnügen, Liebesleben, Freundschaften schließen (Venus)*
Venus im Widder bedingt flotte Verliebtheit. Und das bei jemandem mit Sonne im ruhigen Stier. Venus ist Herrscher des Tierkreiszeichens Stier und wirk daher hier besonders stark. Gerhard wird sich rasch für etwas begeistern können, aber auch ebenso rasch etwas Neues ausprobieren wollen. Er wird gerne über seine Hobbys sprechen und auch über seine Affären (Mond und Merkur in

Konjunktion zu Venus). Venus im Trigon mit dem MC verleiht Freude an der Arbeit und Freude an den Hobbys. Dabei das Bedürfnis, schnell alles selbst zu erledigen.

*Tatkraft, Wille, Herangehensweise (Mars)*
Mit Mars im Widder ist Gerhard jemand, der impulsiv an die Dinge herangeht. Das wird noch verstärkt indem Mars in seinem eigenen Zeichen Widder steht, dessen Herrscher er ist. Manchmal ist er dickköpfig und will alles partout durchsetzen. Dahinter stehen viel Energie und starke Antriebskräfte durch Mars im Trigon zu Pluto. Wir sehen auch ein Quadrat von Mars und Saturn. Das kann hier bedeuten, daß er stets irgendwelche Widerstände vermutet. Er will schnelle Resultate und wird daran gehindert, was auf die Dauer erlahmend wirken kann. Dieser Aspekt wird noch verstärkt durch die Opposition von Mars und Neptun, die Erschöpfung und Ohnmacht anzeigen kann. Die beiden Planeten stehen wochenlang zueinander im Quadrat. Bei Gerhard treffen sie mit Mars zusammen und können dessen Energie vermindern.
Es gibt noch ein weiteres Zusammenspiel von Mars mit zwei äußeren Planeten. Es sind hier drei Planeten, die zusammen wirken in einem halben „Flieger" (eine Opposition zwischen Mars und Neptun, überlappt durch Pluto im Trigon zu Mars und ein Sextil in der Nähe von Neptun). Das wird immer wieder zu einer Ambivalenz zwischen äußerstem Einsatz bis zu Grenze (Mars-Pluto) und Erschöpfung bzw. Ohnmacht (Mars-Neptun) auf der anderen Seite führen.
Bei einer überlappten Opposition ist es wichtig, den Widerstreit in sich selbst zu erkennen. Die heftige Energie muß richtig gehandelt werden, sonst geht man daran zugrunde, daß man einfach zu lange durchpowert. Bestimmte Formen der Energie können so erschöpfen, daß man zu einem zweiten Versuch nicht mehr in der Lage ist. Innerliche Ablehnung oder Erschöpfung drohen, wenn man sich nicht rechtzeitig genug ein wenig Ruhe gönnt.

*Art des Auftretens (Aszendent)*
Mit Skorpion-Aszendent im Quadrat mit Pluto wird Gerhard seine Sorgen verdrängen, seine Bedürfnisse verleugnen und daher eher verkrampft auftreten. Und dies, obwohl er doch eigentlich mit Sonne im Stier ein großes Bedürfnis nach ausgesprochen persönlichem Umgang mit Freunden hat und auch die nötige Geduld zum Aufbau von Freundschaften vorhanden ist. Aszendent im Skorpion, noch verstärkt durch das Quadrat mit Pluto, verursacht eine sehr defensive Haltung zum Selbstschutz. Aszendent im Trigon mit Saturn intensiviert hier das Geradlinige des Skorpions zusätzlich. Er wird denen gegenüber, die zu seinem täglichen Umfeld gehören, treu sein, außer-

ordentlich treu sogar. Er fordert diese Treue aber auch selbst ein, sonst kann Skorpion mit Pluto leicht in eine rachsüchtige Haltung umschlagen.

*Gesellschaftliche Stellung (MC)*
In seiner Arbeit übernimmt er gerne die Führung und verschafft sich schnell Geltung (MC in Löwe). Mit Trigonen von Mars, Merkur und Venus zum ambitionierten MC fühlt Gerhard sich vollkommen ausgefüllt von seiner Arbeit, spricht gerne über seine Tätigkeit und hat einfach Freude daran. Es droht aber die Gefahr, daß er sich völlig in seiner Arbeit verliert und dadurch andere, wichtigere Sachen vernachlässigt.
Die Sonne (das Ich) im Quadrat mit dem MC verursacht Disharmonie zwischen Arbeit und innerlichen „Sonnenbedürfnissen", weil die Arbeit seine ganze Aufmerksamkeit in Anspruch nimmt (Mond, Merkur und Venus im Trigon zum MC). Sein ganzes Selbstwertgefühl und seine innerlichen Bedürfnisse wird er über seine Arbeit definieren. Die Arbeit ist sein zweites Zuhause. Ein Zuhause, daß durchaus auch Nothafen und Fluchtmöglichkeit ist, sich persönlichen Verpflichtungen und Bedürfnissen entziehen zu können. Bei ihm wirken der MC im Löwen und die Planeten im Widder, die im Trigon dazu stehen. Diese Konstellation läßt ihn das eigene Ich verleugnen, das persönliche Engagement, seinen Verstand, seine Freude und seine Aktivitäten außerhalb seiner selbst (also vom MC aus und nicht von der Sonne aus) funktionieren.

## *Schlußfolgerung aus dem Horoskop*

Wir haben hier jemanden mit einem großen Bedürfnis nach Ruhe und nach einem angenehmen Leben vor uns. Im Laufe seine Lebens wurde seine Arbeit aber immer wichtiger für ihn. Seine Anforderungen an sich selbst und andere stehen eigentlich im völligen Gegensatz zu seinem Wunsch nach Gemütlichkeit, nach Muße und Vergnügen. Rückschläge wurden immer wieder mit enormer Energie überwunden. Wenn er aber darin kein Maß findet, wird er sich auf die Dauer in Erschöpfung und sogar völliger Kraftlosigkeit wiederfinden.
Gerhard ist jemand, der in seiner Arbeit völlig aufgeht, dabei aber seine persönlichen Bedürfnisse und seine angeborenen Chancen für inneres Wachstum vernachlässigt. Spätestens bei seiner Pensionierung wird er in ein tiefes Loch fallen, weil das wichtigste seiner bisherigen Welt, die Arbeit, wegfällt. Ihm ist nur zu raten, das rechtzeitig zu erkennen und entsprechend gegenzusteuern.
Auch an die eigene Persönlichkeit sollte Gerhard mehr denken. Nicht zu viel fordern, nicht bis zum äußersten Loyalität beweisen und auch nicht von an-

deren denselben Einsatz verlangen. Er sollte beizeiten auf aufkeimende Rachegefühle achten und verhindern, daß sie ihn auffressen.
Dies ist das Horoskop eines Menschen, der weitgehend selbst in der Hand hat, wie sein Leben verläuft. Mit solch einem Horoskop kann man sehr wohl vielseitig und erfolgreich sein, wenn man immer sich vor Augen hält, daß Leben mehr ist, als Durchkommen und Ergebnisse erzielen. Man braucht Hobbys und andere Aktivitäten, um einfach Freude am Leben zu haben.
Mit diesem Horoskop kann man sich aber auch einseitig in eine Sache, ein Lebensziel verbeißen und dadurch an sich selbst vorbeilaufen. Die Möglichkeit besteht dann, als Mensch vereinsamt und mit leeren Händen dazustehen, wenn dieses Ziel (die Arbeit) plötzlich wegfällt. Es ist bei einem solchen Horoskop wichtig, daß man schon in jungen Jahren angehalten wird, nicht zu übertreiben. Man muß beizeiten lernen, Dinge aus der Hand zu geben, die zuviel Energie kosten, nicht immer bis zum Äußersten zu gehen und sich dabei selbst zu schaden. Man muß lernen, sich selbst auch Ruhe und Entspannung zu gönnen.

Soweit diese Deutung. Versuchen Sie, ob Sie noch mehr herausholen können.

Das vorige Horoskop ist ein gutes Beispiel dafür, daß die Umgebung, in der man aufwächst, die Entwicklung der eigenen Anlagen sehr stark beeinflußt. Schon Ptolemäus schrieb vor fast zweitausend Jahren, daß man immer berücksichtigen muß, wo die Person aufgewachsen ist.

# 19. Charakteranalyse aus dem Horoskop: Sandrina

Gehen wir nun einen weiteren Schritt voran. Wir erstellen das Horoskop für die folgende Person selbst. Sie hat zugestimmt, dieses Horoskop zu verwenden. Natürlich unter Schutz ihrer Privatsphäre, denn dieses Horoskop enthält auch sehr persönliche Faktoren.
Die Frau, Sandrina (der Name ist natürlich nicht der richtige Name dieser Person), was zeitlebens im Krankenpflegebereich tätig. Sie selbst war auch sehr häufig krank. Kurz nach ihrem sechzigsten Geburtstag erkrankte sie so schwer, daß sie ihre Arbeit aufgeben mußte
Sie wollte gerne wissen, warum sie immer wieder mit derselben Art von Problemen zu tun hatte. Es folgen die Geburtsdaten, soweit sie für das Horoskop von Sandrina relevant waren:

| | | | |
|---|---|---|---|
| Sonne ☉ | 17.13 | Widder | Konjunktion mit Jupiter<br>Trigon mit Saturn<br>Quadrat mit Pluto |
| Mond ☽ | 10.44 | Skorpion | Trigon mit Pluto<br>Quadrat mit MC |
| Merkur ☿ | 24.05 | Fische | Konjunktion mit Venus<br>Quadrat mit Saturn |
| Venus ♀ | 24.46 | Fische | Quadrat mit Saturn |
| Mars ♂ | 29.47 | Wassermann | Opposition mit Neptun |
| Jupiter ♃ | 16.44 | Widder | Trigon mit Saturn<br>Quadrat mit Pluto<br>Sextil mit dem Aszendenten |
| Saturn ♄ | 19.04 | Schütze | |
| Uranus ♅ | 4.10 | Widder | Sextil mit MC |
| Neptun ♆ | 26.38 | Löwe | |
| Pluto ♇ | 15.00 | Krebs | |
| Aszendent | 11.00 | Zwillinge | |
| MC | 6.00 | Wassermann | |

## *Zeichnen des Horoskops*

Zeichnen Sie selbst den Tierkreis mit den Planeten darin. Setzten Sie die Aspekte dazu, Spannungsaspekte (Opposition und Quadrat) in rot und harmonische Aspekte (Trigon und Sextil) in Blau. Ist auch eine Konjunktion dabei, zeichnen Sie die in grün ein. Sie werden sehen, daß dieses Horoskop sowohl in die rote als auch in die grüne Richtung ausgearbeitet werden kann. Jupiter in Konjunktion mit Sonne wirkt sich positiv aus, wenn das Trigon mit Saturn Einfluß haben kann. Negativ wirkt sich die Konjunktion aus, wenn das Quadrat zum Pluto dominiert. Denken Sie darüber nach.
Schlagen Sie dann die gefundenen Aspekte nach. Kombinieren Sie selbst, so lernen Sie mehr als nur durch wiederholtes Durchlesen. Zeichnen Sie die Aspekte sowohl in den Tierkreis als auch in Aspektetabelle ein. Beginnen Sie mit den Aspekten der Sonne: von oben nach unten eintragen. Dann die des Mondes usw. Wenn Sie immer die gleiche Reihenfolge wählen, vergessen Sie nichts.

Bevor wir in die tiefere Analyse einsteigen, weisen wir die Klientin darauf hin, was mit einem Horoskop möglich ist und was nicht, um zu verhindern, daß Wunder erwartet werden. Einige kleine Vorbemerkungen zur Astrologie im Allgemeinen und zu diesem Horoskop im Besonderen sind durchaus angebracht.
Diese Klientin wollte gerne, daß ich mit aufschrieb, wie ich an die einzelnen Fakten herankam. Meistens mache ich das nicht, hier jedoch tat ich es. Die Analyse sah dann wie folgt aus:

## *Die astrologische Analyse*

Das Horoskop liefert Ihnen ein Bild der angeborenen Eigenschaften, die Sie im Laufe ihres Lebens kaum alle zur optimalen Entwicklung bringen können. Eine verantwortungsbewußte Analyse kann Ihnen Hinweise auf ungenutzte Chancen geben, auf Lebensgebiete, die noch einer erfolgreichen Bearbeitung harren.
Bei der Deutung des Horoskops ist es wichtig zu wissen, inwieweit sich die betreffende Persönlichkeit entwickeln konnte. Milieu, Weltanschauung, gesellschaftliche und finanzielle Umstände, kulturelles Umfeld, Gewohnheiten, geistige Reife, Lebenswille usw. haben Einfluß auf die Entwicklung.
Diese Analyse ist für Sie persönlich zusammengestellt und hat nicht im geringsten etwas mit den Horoskoprubriken in populären Zeitschriften zu tun.
*Das wahre Ich (der göttliche Funken im Menschen)*
Jemand mit Sonne im Widder muß mit viel Lebenslust und Selbstvertrauen durchs Leben gehen. Kann man das erreichen, ist man mutig, kämpferisch

und unternehmungslustig. Man ist begeisterungsfähig und bereit, die Initiative zu ergreifen.
Ihre Sonne steht in Konjunktion mit Jupiter, dem Planeten, der Großmütigkeit sowie das Bedürfnis nach geistigen Werten und Selbstentwicklung verleiht. Höhere Werte werden geachtet. Verständnis führt zu Milde. Ein Kind mit einer solchen Konstellation braucht unbedingt die Freiheit, sich selbst ausdrücken und ausleben zu können.
Ihre Sonne bildet auch einen starken Aspekt (Trigon) mit Saturn, dem Planeten der Ernsthaftigkeit und der Ausdauer. Unterdrückung bzw. Beschränkung der eigenen Kreativität in der Jugend führt unter diesem Aspekt von Sonne und Saturn zu übersteigerter Ernsthaftigkeit, zu Schwermut, auch zu unbegründeten Schuldgefühlen und belastenden Depressionen. Medizinisch gesehen verleiht dieser Aspekt eine Zähigkeit, eine Leidensfähigkeit weit über die normalen Grenzen hinaus.
Einen schwierigen Aspekt (Quadrat) bilden Sonne und Pluto. Unter dieser Konstellation will man von allem das Beste und alles muß perfekt sein. Man ist schwer davon zu überzeugen, daß etwas mehr Ruhe und Gelassenheit nicht schaden, sondern im Gegenteil notwendig sind. In negativer Entwicklung können dadurch Selbstzweifel bis hin zu Verzweiflung entstehen.
Die Sonnenkonstellation insgesamt deutet hier gesundheitliche Gefahren an, die dadurch entstehen können, daß man pausenlos das äußerste will und kein Ende findet. Damit unterminiert man seine Gesundheit. Auf die Dauer wirkt so ein Verhalten selbstzerstörerisch. Jeder Mensch hat einen natürlichen Selbsterhaltungstrieb und strebt nach Entfaltung der eigenen Persönlichkeit. Achten Sie darauf auch bei sich.

*Gefühlsleben (die Seele, Aufnahme von Eindrücken, Ausbildung von Gewohnheiten)*
Der Mond steht im Skorpion. Das verleiht großes emotionales Engagement und Aufgeschlossenheit, vor allem wenn edle Motive und hohe Werte im Hintergrund stehen. Diese starke Emotionalität bleibt aber eher im Inneren verborgen. Sie haben keine große Neigung, Ihre Gefühle öffentlich zu zeigen. Das ist nicht unproblematisch, vor allem deshalb, weil sich das wahre Ich am besten entfalten kann, wenn man sich auch frei und ungehemmt äußern kann. Sie wollen sich voll und ganz für Ihre Familie und für jeden, der Ihrer Sorge anvertraut ist, einsetzen. Aber Sie erwarten von diesen Personen im Gegenzug auch absolute Loyalität.

Ein positiver Aspekt (Trigon) von Mond mit Pluto intensiviert das Gefühlsleben. Sie sind dadurch im Stande, sich derart für etwas einzusetzen, daß Sie Ihre eigenen Belange darüber völlig außer acht lassen. Dieser Aspekt bedingt auch, daß Sie sich gut in die Gefühle und inneren Triebfedern anderer einfühlen können. Sie hätten ein guter Psychiater werden können.

Ein Spannungsaspekt (Quadrat) des Mondes mit Ihrem MC erschwert es Ihnen, Ihr starkes emotionales Engagement harmonisch in ihre Arbeit zu integrieren. Oft stehen dabei unsinnige Regeln, unfähige Vorgesetzte oder ein schlechtes Betriebsklima im Wege.

*Das Denken, Gedankenaustausch, Kommunikation (angezeigt durch Merkur)*
Merkur steht bei Ihnen im Zeichen Fische. Das läßt Sie philosophisch denken, verleiht Ihnen ein reiches Gefühlsleben und läßt Sie immer die Meinung anderer respektieren. So schön das auch ist, es ist auch ein Handicap für die Entfaltung eines eigenen, selbständigen Ichs. Sie wollen immer nur das Gute im Anderen sehen und geben zu gerne nach. Aus lauter Gutgläubigkeit sind Sie dann oft die Dumme. Auch ein Mangel an Vertauen auf Ihr eigenes Urteil spielt dabei eine Rolle.
Merkur steht auch für Geldangelegenheiten. Das heißt, auch hier laufen Sie Gefahr, düpiert zu werden, wenn Sie zu nachgiebig sind. Merkur hat einen Spannungsaspekt (Quadrat) mit Saturn, was zusätzlich das Vertrauen in die eigene Meinung schwächt. Unsicherheit kann starrköpfig machen, wenn Sie spüren, daß etwas nicht stimmt. Dieser Aspekt kann auch düstere, depressive Gedanken bringen. Prüfen Sie, inwiefern dadurch die Entfaltung Ihres eigenen Ichs untergraben wird.

*Freundschaften, Liebe, Hobbys*
Hierüber wacht Venus. Sie steht ebenfalls im Zeichen Fische. Diese Konstellation verleitet dazu, einen Freund, eine Freundin oder Geliebte zu idealisieren und Wundertaten von ihr/ihm zu erwarten. Sie wagen nicht, mit ihr/ihm zu sprechen, wenn Ihnen etwas nicht paßt und geben dann wieder zu schnell nach. Mit diesem Stand brauchen Sie einen Partner, der in schwachen Momenten die Führung übernimmt, Ihnen aber sonst alle Freiheit der Welt läßt. So können Sie ihr Wesen entfalten. Versuchen Sie ihr eigener Schutzengel zu sein, ihren wahren Kern zu schützen und seinen tatsächlichen Wert zu erkennen.

*Energie, Tatkraft*
Dafür steht Mars. Bei Ihnen hat Mars eine Position genau auf der Grenze zwischen Wassermann und Fische. Ein Zaudern, die Sache auf die eigene Weise anzugehen oder lieber erst einmal zu beobachten, wie andere es tun. Dieses Muster kehrt in Ihrem Horoskop immer wieder.
Ein schwieriger Aspekt mit Neptun bewirkt oft, daß die vorhandene Energie aus Mangel an Zielorientierung nicht richtig fließen kann. Eigentlich wissen Sie selbst, was Sie wollen, aber Sie passen sich immer wieder viel zu sehr dem an, was andere (vermeintlich) von Ihnen erwarten. Damit stellen Sie einen ganzen Sack voll toller Möglichkeiten ungenutzt aufs Abstellgleis. Zu oft ha-

ben Sie nachgegeben, um Konflikten aus dem Weg zu gehen. Bei Ihren Anlagen haben Sie soviel Nachgiebigkeit überhaupt nicht nötig. Sie haben große Chancen in sich und brauchen sich damit nicht an die Seite drängen zu lassen. Die anderen tun das auch nicht. Geben Sie aber nicht den anderen die Schuld daran, daß Sie scheinbar immer zurückstecken „müssen".

*Art des Auftretens, äußere Persönlichkeit*

Das wird durch den Aszendenten dargestellt. Dieser steht bei Ihnen im Zeichen Zwillinge. Vielseitigkeit, Anpassungsfähigkeit und Gewandtheit sind Ihre Stärken. Diese Aszendentenstellung hilft Ihnen dabei, eine Maske aufzusetzen, hinter der all das tatsächlich vorhandene Elend vor der Außenwelt verborgen bleibt. Auch dieser Sachverhalt findet sich verschiedentlich in Ihrem Horoskop. Gönnen Sie sich Ruhe und Entspannung. Sie brauchen viel davon, um Ihren inneren Bedürfnissen nach Tiefgang, Philosophie, Lebensweisheit eine Chance zu geben. Trennen Sie sich von allem, was Sie zuviel Kraft und Energie kostet. Erkennen Sie sich selbst!
Der Aszendent bildet einen guten Aspekt (Sextil) mit Jupiter. Dadurch erscheinen Sie vertrauenswürdig und verläßlich, die Menschen mögen Sie einfach gern.

*Einstellung zur Gesellschaft*

Darüber erzählt der MC etwas. Die Himmelsmitte steht bei Ihnen im Wassermann. Das macht Sie offen für gesellschaftliche Erneuerungen. Sie engagieren sich für andere, nicht weil die Regeln es so verlangen., sondern aus wirklichem Mitgefühl. Ein guter Aspekt mit Uranus verstärkt Ihre soziale Ader noch. Doch in der Folge wirkt der disharmonische (Quadrat) Mond-MC-Aspekt auch heftiger. Diese Konstellation bewirkt eine außerordentlich starke emotionale Bezogenheit auf Ihre gesellschaftliche Stellung (zugleich steht der Mond im Skorpion, was Ihnen die Freiheit nimmt, frei und offen

| | ☉ | ☽ | ☿ | ♀ | ♂ | ♃ | ♄ | ♅ | ♆ | ♇ | ☊ | ⊗ | Asz | MC |
|---|---|---|---|---|---|---|---|---|---|---|---|---|---|---|
| Sonne ☉ 17,13' ♈ | | | | | | | | | | | | | | |
| Mond ☽ 10,44' ♏ | | | | | | | | | | | | | | |
| Merkur ☿ 24,05' ♓ | | | | | | | | | | | | | | |
| Venus ♀ 24,46' ♓ | | | ☌ | | | | | | | | | | | |
| Mars ♂ 29,47' ♒ | | | | | | | | | | | | | | |
| Jupiter ♃ 16,44' ♈ | ☌ | | | | | | | | | | | | | |
| Saturn ♄ 19,04' ♐ | △ | | □ | □ | | △ | | | | | | | | |
| Uranus ♅ 4,10' ♈ | | | | | | | | | | | | | | |
| Neptun ♆ 26,38' ♌ | | | | | ☍ | | | | | | | | | |
| Pluto ♇ 15,00' ♋ | □ | △ | | | | □ | | | | | | | | |
| Mondknoten ☊ 12,30' ♊ | | | | | | | | | | | | | | |
| Glückspunkt ⊕ 5,10' ♑ | | | | | | | | | | | | | | |
| Asz 11' ♊ | | | | | | ⚹ | | | | | | | | |
| MC 6' ♒ | | □ | | | | | | ⚹ | | | | | | |

über Ihre innersten Gefühle zu sprechen). Sie können dann ziemlich provokant reagieren, wenn Sie auf irgendwelche Mißstände stoßen. Und das stößt oft nicht auf Dankbarkeit.
Sie sind da gut aufgehoben, wo Sie anderen helfen und sie lehren können, ihr eigenes Inneres zu erkennen und die eigenen Gefühle zu sehen. Das kann dann zugleich für Sie selbst ein Anlaß sein, über Ihre eigenen Gefühle offener zu sprechen. Das ist übrigens ein Prozeß, der im Laufe des Lebens nach Ihrem Horoskop von selbst abläuft. Sie würden, wie schon gesagt, einen guten Psychiater oder Gesprächsgruppenleiter abgeben.

*Zusammenfassend das Gesamtbild*
Viele gute Möglichkeiten, aber auch viele Blockaden. Zu große Nachgiebigkeit und unnötige Zweifel am eigenen Urteil verursachen Spannungen und Verluste.

*Was noch genauer ausgearbeitet werden muß*
Das erkennbare Muster von Krankheiten und Rückschlägen müßte noch präziser analysiert werden. Das kostet jedoch viel Zeit. Was ich hierzu schrieb, sind die Möglichkeiten zur Charakterausbildung laut Ihrem Horoskop.
Sandrina hat mir zusammen mit Geburtsdatum und –zeit auch eine kleine Liste mit Ereignissen in ihrem Leben übergeben. Darüber mehr im folgenden Kapitel.

# 20. Das weitere Ausloten des Horoskops

### *Vorbemerkungen*

Als ich noch Kurse in den Volkshochschule gab, prüfte ich jedes der von meinem Schülern erstellten Horoskope und fragte die Schülerin oder den Schüler dann: „Ist in diesem oder jenem Jahr etwas Bemerkenswertes auf diesem oder jenem Gebiet in Ihrem Leben passiert"? Und meisten war es tatsächlich so. Im Laufe von hunderten von Kursen entwickelte ich einen Blick dafür, was ein Horoskop verrät und was nicht.

### *Einstellen auf die Person, für die das Horoskop bestimmt ist*

Ptolemäus[27] schrieb, daß immer Umstände mitwirken, die im Horoskop selbst nicht abzulesen sind, aber für die Entwicklung der Person von essentieller Bedeutung sind. Hierauf kann ich nicht oft genug hinweisen! Wir müssen die Grenzen des Möglichen untersuchen, sonst machen wir unvorsichtige Aussagen. Wir können noch so viele Kenntnisse parat haben, doch wirkt das Zusammenspiel der Planeten nie gleich. Selbst bei zwei Personen, die präzise zum selben Moment am selben Ort geboren wurden, können die Auswirkungen sehr unterschiedlich sein. Sozialer Hintergrund, Milieu, Tradition, Zeitgeist - das alles bestimmt die Entwicklung eines Charakters mit. Wir können nur versuchen, soviel wie möglich aus dem vorliegenden Horoskop vor dem uns bekannten Hintergrund der Person heraus zu interpretieren. Ähnlich einem Arzt: je mehr dieser über Vorleben, Umstände etc. weiß, desto präziser kann seine Diagnose ausfallen und desto gezielter seine Therapie.
Schon aufgrund des vorliegenden Beispielfalls können Sie ersehen, daß Sie auf jeden Fall zunächst einmal die Person selbst berücksichtigen müssen, mit der Sie es zu tun haben. Manchen verläßt jeder Mut, wenn er etwas wenig erfreuliches zu hören bekommt. Für den anderen kann genau das eine Anregung sein, das für ihn bestmöglich aus der Situation herauszuholen.
Bleiben Sie jederzeit vorsichtig mit Voraussagen! Innerhalb gegebener Möglichkeiten und unter bestimmten Einflüssen können Sie durchaus eine deutliche Entwicklungslinie erkennen. Doch fragen Sie sich immer, ob Sie dem Klienten mit einer entsprechenden Voraussage nicht die Gelegenheit geben, die eigene Verantwortung aus den Händen zu geben. Oder stimuliert Ihre Aussage den Klienten sogar, sich gezielt auf eine bestimmte.

Situation vorzubereiten und so gegen den aufkommenden Sturm gewappnet zu sein?
Kehren wir nun aber zum Horoskop von Sandrina zurück. Ich hatte oben von ihrer Liste mit den wichtigen Fakten aus ihrem Leben gesprochen. Ich wählte einige *strukturelle* Ereignisse aus und begann sie auszuarbeiten.
Unter strukturellen Ereignissen verstehe ich Geschehnisse, die immer wiederkehren, die also regelrecht zur Struktur des Charakters gehören. Ab und zu eine Grippe oder ein Umzug sagen noch nicht viel aus. Ein verstauchter Knöchel auch nicht. Aber zehn verstauchte Knöchel in kurzer Zeit können etwa auf geschwächte Kreuzbänder deuten, womöglich als Folge des ersten verstauchten Knöchels.

Wenn Sie also ständig die gleiche Art von Unglücken oder Krankheiten finden, die dem betreffenden Leben eine andere Wendung geben, dann lohnt es sich schon einmal, das genauer auf ein mögliches Muster zu untersuchen. Bekommen Sie beispielsweise immer Kopfschmerzen, wenn Sie eine wichtige Entscheidung treffen müssen? Oder haben Sie in Beziehungen irgendwann immer die gleichen Probleme? Oder erleiden Sie immer gerade dann einen Rückschlag, wenn Sie denken, es nun geschafft zu haben?
Es kann ganz natürliche Ursachen haben, daß Sie im Laufe des Lebens unter dem Einfluß Ihrer Umgebung das eine oder andere Trauma entwickelt haben. Es kann aber auch in der Struktur Ihres Charakters bedingt sein. Dann kann ein Horoskop Hilfestellung leisten, und sei es nur als Warnung vor einer bevorstehenden Wiederkehr eines solchen Geschehens.
Bis hierher beschrieb ich in diesem Buch den Gebrauch von Astrologie, den ich dem Anfänger für den Beginn empfehle. Damit erleiden Sie die wenigsten Blessuren. Auch in meinen Kursen verfuhr ich so. Nur in einigen wenigen Gruppen ging ich etwas weiter, so wie jetzt.

Ich wies schon mehrfach darauf hin, daß es hier nicht darum geht, ob ein bestimmtes astrologisches System besser oder schlechter ist, als ein anderes. Es geht schlicht und einfach zunächst um die grundlegende Technik ein Horoskop zu erstellen.
Ich wies auch wiederholt darauf hin, daß Sie Ihre eigene Arbeitsweise entwickeln müssen. Die Ausübung der Astrologie soll entspannt und zwanglos, ganz wie von selbst geschehen. Dann funktioniert es am besten und man ist offen für spontane Eingebungen, die Ihnen immer wieder weiterhelfen und sie richtige Antworten finden lassen. Die Gegebenheiten, die ich Ihnen vorstellte, sind der rote faden, an dem Sie sich entlang hangeln und mit der Astrologie vertraut werden können. Knüpfen Sie später, mit etwas mehr Erfahrung, neue Richtungen und Ideen daran an, soviel Sie mögen.

Wenn wir ein Charakterbild von jemandem entwerfen, müssen wir das so wohlwollend wie möglich machen. Es sollte lieber ermutigend und aufbauend als strafend sein. Darum empfiehlt es sich, die Trigone und Sextile (die harmonischen Aspekte also) in den Vordergrund zu stellen. Sie können zu einer positiven Entwicklung anregen. Spannungsaspekte (also Quadrat und Opposition und, falls mit den genannten verbunden, auch die Konjunktion) verursachen durchaus in doppelter Hinsicht Schwierigkeiten. Erklären Sie solche Aspekte immer als Aufforderung, auf bewußte Art und Weise damit umzugehen und als Beitrag zur eigenen Entwicklung aufzufassen. Niemals sollten Sie Ihren Klienten entmutigen!

Ich sprach oben von *strukturellen* Ereignissen. Wenn in einem Leben solche Ereignisse immer wieder als Rückschläge, Krankheit oder Zusammenbrüche auftauchen, dann suchen wir im Horoskop bei den Spannungsaspekten nach möglichen Hinweisen.
Ebertin nahm dann auch die Halbaspekte zu Hilfe. Das sind Planetenaspekte, die genau zwischen zwei anderen stehen. Etwa das Halbquadrat bei 45°. Eng damit verwandt ist das Anderthalbquadrat mit 135° Abstand. Die Astrologenfamilie Ebertin hat auf diese Weise durch Generationen hindurch Krankheiten untersucht. Die eine Generation gab die Erkenntnisse an die nächste weiter und alle arbeiteten ausgesprochen integer (lesen Sie etwa Reinhold Ebertins Buch *Sterne helfen heilen*). Im Rahmen dieses Buches kann ich darauf allerdings nicht weiter eingehen.
In der alltäglichen Praxis vermeiden wir es in aller Regel, direkt darauf hinzuweisen, welche Unannehmlichkeiten auf den Klienten zukommen. Wir sprechen bestenfalls Warnungen aus, auf einem bestimmten Gebiet Vorsicht walten zu lassen. In der Analyse können wir allerdings weiter gehen.
Sandrina, die Klientin aus dem vorigen Kapitel, wollte aber gerne in diesen Punkten genaueres wissen. Daher hatte Sie mir die schon genannte Liste gegeben.

## *Reaktionen*

Ich suchte also nach Daten, die in dieselbe Richtung wiesen. In ihrem 20. Lebensjahr hatte sie, bedingt durch zu lange Krankheit, ihre Arbeit verloren. Danach folgte ein mühsamer Wiederaufbau der vorigen Lebensumstände.
Im 63. Lebensjahr wiederholte sich das gleiche Muster. Ich suchte zunächst eine Antwort in den Progressionen (fortgeführtes Geburtshoroskop, verglichen mit der Radix) und den Transiten dieser Periode (das sind die Planeten, so wie sie in dieser Periode am Himmel stehen und die mit der Radix verglichen werden). Die gefundenen Konstellationen sollten dann zu den fraglichen Ereignissen passen. In diesem Fall paßten sie präzise zusammen. Zusätzlich

fand ich im Zeitraum zwischen ihrem 48. und 50. Lebensjahr auch solche Konstellationen. Für diese Jahre waren aber keine Ereignisse auf ihrem Zettel verzeichnet. Entweder stimmte also meine Theorie nicht, oder Sandrina hatte mir nicht alles gesagt.

Ich sprach mit ihr und berichtete ihr von meinen Ergebnissen. Sandrina begann plötzlich nach Luft zu schnappen, als ob sie Beklemmungen hätte und schwieg eine ganze Weile. Ich wollte schon in die Küche laufen, um ein Glas Wasser für Sie zu holen, als sie zu erzählen begann.
Sie sagte, sie habe darüber noch nie mit irgendjemandem gesprochen. Genau in dieser Zeit sei ihr Leben ein einziger Alptraum gewesen. In ihrer Charakterskizze hatte sie gelesen, daß sie in Gefühlsangelegenheiten sehr verschlossen sei und darauf kam Sandrina jetzt zurück. In jener Zeit habe es in ihrer Familie viele unangenehme Probleme gegeben, die zudem eskaliert seien. Und so wie sie es immer in ihrem Leben getan habe, hättte sie durchgehalten, bis sie nicht mehr konnte. An ihrem 50. Geburtstag sei es dann soweit gewesen. Sie habe einen Herzinfarkt erlitten, der sie für eine ganze Weile außer Gefecht setzte.
Ich fühlte mich irgendwie schuldig, daß meine Analyse diese Erinnerungen wieder wachgerufen hatte. Doch Sandrina war froh, endlich einmal darüber sprechen zu können. Auch meine Charakteranalyse stimmte sie froh. Sie sagte, sie habe sich darin wiedergefunden und die Analyse als Erkenntnis ihrer eigene Person, als etwas ureigenes, erfahren. Und darüber war natürlich ich nun wieder froh.

Die Analyse habe ich immer als das fesselndste an der Astrologie empfunden. Auch wenn ich dabei oft im Trüben gefischt und nichts gefunden habe. So wird es Ihnen auch ergehen. Manchmal scheint es, daß zu Beginn irgendwie genau die Menschen ansprechen, die zu Ihrer Theorie zu passen scheinen. Dann glauben Sie nach zehn, fünfzehn Horoskopen, daß Ihre Theorie genau stimmt. Aber dann steigen Sie tiefer ein und meistens so beim vierzigsten oder fünfzigsten Horoskop stehe Sie wieder ganz am Anfang bei Null. Die kleine Anzahl Treffer  können Sie dann bestenfalls noch als Zufallstreffer abbuchen. Manchmal ist es schon frustrierend. Aber wir machen natürlich weiter!

# 21. Ein bißchen Philosophie über die Bedeutung der Astrologie und über die Forschung

*In diesen heil'gen Hallen*
*kennt man die Rache nicht,*
*und ist der Mensch gefallen,*
*Führt Liebe ihn zur Pflicht.*
*Dann wandelt er an Freundes Hand*
*Vergnügt und froh ins bess're Land.*

Wo will sie denn *jetzt* hin?, werden Sie vielleicht fragen. Ab und zu höre ich diese Sätze aus Mozarts Zauberflöte. Dann fühle ich mich geradezu liebevoll umhüllt von den zwölf Zeichen des Tierkreises, dem Symbol der Einheit der Schöpfung. Und über mir wölbt sich der Sternenhimmel wie eine schützende Kuppel. Diese paar Worte enthalten eigentlich den gesamten Sinn und Inhalt der Beschäftigung mit Astrologie.

Wenn wir in einem Horoskop oder in einem Gespräch mit jemandem auf Dinge stoßen, die nicht so schön sind, sollten wir nicht den Überlegenen spielen im Sinne von „das hab' ich ja gleich gesagt". Vielmehr ist es an uns, dem anderen unsere Hilfe anbieten, wenn er sie will. Wir sollten lieber versuchen, so jemanden „vergnügt und froh ins bess're Land" zu begleiten. Es besteht natürlich die Gefahr, daß die fragliche Person sich zu sehr an uns klammert. Das sollten wir rechtzeitig erkennen und gegensteuern. Wichtig ist es, die Person anzuspornen, ihr Leben selbst in die Hand zu nehmen. Wer anderen zu viel hilft, blockiert eher dessen Weg zum Erwachsen werden! Seien Sie also nicht enttäuscht oder gar böse, wenn Sie einmal jemandem nicht helfen konnten. Jeder hat die Freiheit sich selbst seinen Weg zu suchen.

Auch das kann eine Funktion des Astrologen sein: den anderen auf seine eigenen Fähigkeiten hinzuweisen, ihm die Verbindung zu seinem höheren Ich erkennen lassen.

Oft lassen wir uns mitreißen und geben dann zu viel von uns selbst preis. Achten Sie besonders als Anfänger darauf. Lassen Sie Ihre eigene Energie nicht durch andere aufbrauchen. Sie selbst haben Ihre Kräfte noch nötig genug. Lassen Sie sich nicht bedrängen, Aufgaben zu übernehmen oder Lösungen zu suchen, die die anderen selbst erledigen oder finden können. Sie können jemandem sehr wohl auf den Weg helfen. Wenn der andere aber zu faul und träge ist, an sich selbst zu arbeiten, dann ist das sein Problem. Ihre Aufgabe ist dann erledigt. Weisen Sie darauf immer deutlich hin! Wenn ich mir darüber früher Gedanken gemacht hätte, wäre mir viel Mühe erspart geblieben. Vermeiden Sie diesen Fehler, der weder Ihnen noch anderen hilft. Jeder muß an sich selbst arbeiten, auch Ihr Klient.

In diesem Zusammenhang wird oft darauf hingewiesen, daß die Sonne im Horoskop der göttliche Funke sei. Der Teil eines unendlichen Geistes, der bei unserer Geburt in Kontakt mit einem Stückchen irdischer Materie, unserem Körper, tritt. Dieser Körper spiegelt sich dann im Aszendenten. Als Moment der Geburt gilt gewöhnlich der erste Schrei. Das Kind hat sich dann von der Mutter gelöst und holt zum ersten mal selbst Atem.
Die Sonne zeugt von unserer Geisteskraft: unserer Vitalität, unserem Vermögen der Regeneration von innen heraus. Der Aszendent zielt mehr auf den körperlichen Zustand. Der MC gibt an, wie unser höheres Selbst sich im gesellschaftlichen Zusammenhang ausdrückt, etwa in unserer Arbeit oder in unseren Hobbys. Der Mond vergegenwärtigt dann das, was Leib und Seele durch die Intuition verbindet: Das Gespür, das da mehr zwischen Himmel und Erde ist als bloße materielle Fakten. Und das auch wir selbst mehr sind, als das, was wir mit unseren Sinnesorganen wahrnehmen können.

Praktisch alle astrologischen System sprechen von Sonne, Mond, Aszendent und Himmelmitte als den wichtigsten Faktoren eines Horoskops. Aspekte von bzw. zwischen diesen vier Faktoren werden meist auch mit größerem Orbis berechnet. Bedenken Sie das einmal für sich und orientieren Sie sich in Ihre eigenen astrologische Arbeitsweise an Ihrer Lebensphilosophie.

In den letzten Jahrzehnten wurde die Astrologie vor allem mit der Psychologie in Zusammenhang gebracht. Das ist durchaus eine sinnvolle Herangehensmöglichkeit.
Andere praktizieren Reinkarnationsastrologie. Nun gut, wenngleich ich mir nicht vorstellen kann, wie man das prüfen will.
Manche spezialisieren sich auf Berufsgutachten, Erziehungsgutachten, Beziehungsberatung usw. Finden Sie für sich heraus, was Ihnen naheliegt und vertiefen Sie dann Ihre Kenntnisse in diese Richtung. Kurz: finden Sie ihren eigenen Weg.
Man kann die Astrologie auch statistisch erforschen. Nachteilig ist hier, daß man immer nur kleine Teilgebiete prüfen kann. Ein größerer Zusammenhang läßt sich in der Regel kaum verarbeiten. Bei der Astrologie geht es aber gerade vor allem um die Kombination vieler Faktoren.

Das ist meiner Meinung auch der Grund, daß z.B. der Charakter einiger Planeten auf beeindruckende Weise statistisch belegt ist, so wie es die folgende Abbildung zeigt, die dem Werk von M. und Fr. Gauquelin entstammt.[14,15,16]

Deutliche Ergebnisse fanden sich für Planeten im Bereich des Aszendenten (in den meisten Systemen ans 12. Haus gekoppelt) und für Planeten im Bereich der Himmelsmitte (MC, in den meisten Systemen ans 9. Haus gekoppelt). Auch die diesen Punkten gegenüberliegenden Positionen zeigten derart deutliche Werte. Der höchste planetare Einfluß zeigte sich dann, wenn der Planet in seinem täglichen Lauf diese Punkte passierte und wirkte auch anschließend noch nach.
Die den Planeten zugeschriebenen Charaktere stimmten auffällig mit denen der Prüfpersonen überein. Man suchte in Biographien, Zeitschriften, Büchern, im "Who is Who" usw. welche Charakterzüge in den verschiedenen Beschreibungen einer bestimmten Person immer wieder hervorgehoben wurden und überall genannt wurden. Anschließend zog man die von Pto-

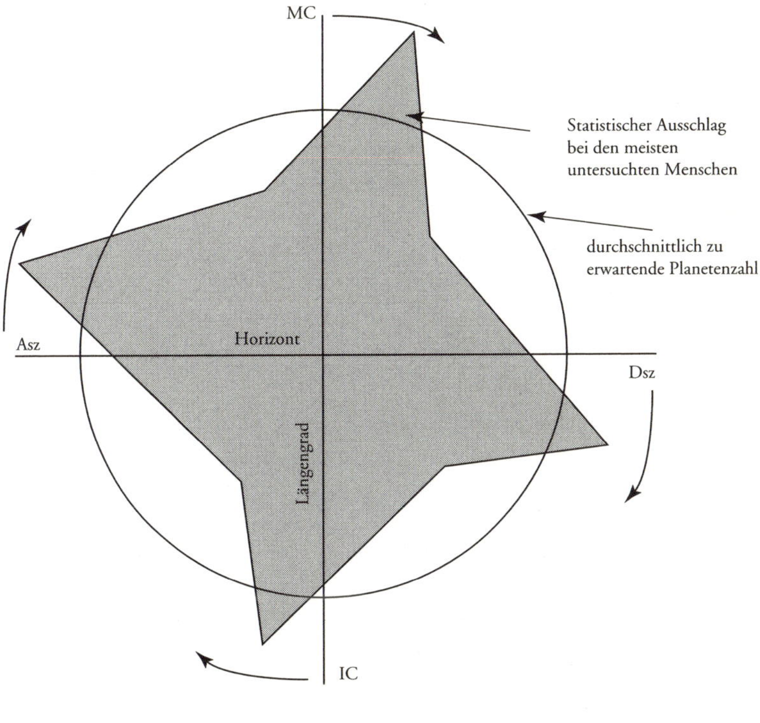

lemäus und etlichen späteren Astrologen den Planeten zugeschriebenen Charakterzüge heran und verglich dann die ermittelten Fakten.
Die Resultate lagen weit über den erwarteten Durchschnittswerten. (Die modernen Astrologen schnitten dabei nicht viel besser ab, als Ptolemäus. Bei ihm fehlten natürlich noch Uranus, Neptun und Pluto, da diese Planeten zu seiner Zeit noch bekannt waren. Uranus wurde am 13.03.1781 von dem deutschen Musiker und Astronom Friedrich Wilhelm Herschel entdeckt. Am 23.09.1846 fand der deutsche Astronom Johann Gottfried Gallé den Neptun und Pluto wurde sogar erst 1930 entdeckt.)

Die genannte Forschungsarbeit wurde immer weiter ausgedehnt und vertieft. Schließlich wurden für eine Untersuchung Tausende Versuchspersonen betrachtet, mit immer denselben Ergebnissen. Dann filterten die Gauquellins die Horoskope derjenigen Personen heraus, die einen deutlich sichtbaren Planeten bei einem der markanten Punkte hatten. Dazu wurden, soweit Daten faßbar waren, die Horoskope der dazugehörigen Eltern ermittelt. Es ergab sich, daß Eltern mit einer bestimmten Planetenposition diese oft an ihre Kinder „vererbten". War sogar bei beiden Elternteile derselbe Planet bei einem der vier Punkte positioniert, war die „Erblichkeit" noch ausgeprägter. Zur Kontrolle verglichen die Gauquelins rund 15.000 Horoskope von willkürlich ausgewählten Geborenen eines bestimmten Zeitabschnitts aus verschiedensten Krankenhäusern. Auch dazu wurden die Elternhoroskope herangezogen und verglichen. Da fanden Sie ... nichts.

Die Integrität der Forscher beruht im wesentlichen darauf, daß Sie auch Mißerfolge publizieren. Als Michel Gauquelin mir die Untersuchung zuschickte, der er den Titel *Planetary Heredity. A rappraisal on 50.000 subjects* gegeben hatte, fügte er ein Kärtchen mit etwa folgendem Wortlaut bei: „Liebe Marian, ich hoffe, daß dieses Buch sicher und wohlbehalten bei Dir ankommt. Ich versichere Ihnen, Sie werden von den Ergebnissen im Band 2 genauso überrascht sein wie ich. Aber Ergebnisse müssen publiziert werden, auch wenn sie enttäuschend sind."
Trotz der teilweise negativen Ergebnisse wurde diese Untersuchung veröffentlicht. Das spricht für integere Forschungsarbeit. Und glücklicherweise wurden die positiven Resultate dadurch nicht entkräftet.
Ptolemäus, der den Quellen der Astrologie fast zweitausend Jahre näher stand, als wir heute, betonte, daß Faktoren wie Erziehung, Umwelt, soziokultureller Hintergrund etc. nicht direkt im Horoskop zu finden sind, aber doch eine wichtige Rolle in der Charakterausbildung spielen. Ich glaube, daß man bei den 15.000 Kindern der Gegenprobe sehr wohl vererbte Faktoren gefunden hätte, wenn man sie rund 30 Jahre lang beobachtet und dann geschaut hätte, wer von ihnen einen gewissen Bekanntheitsgrad erzielt hat. Ich

unterstelle, daß die viel kleinere Gruppe, die aufgrund ihrer Erziehung gelernt hatte, die Chancen der eigenen Planetenkonstellation sinnvoll umzusetzen, sehr wohl in einer späteren Untersuchung einen gewissen Grad von Erblichkeit des Planetenstandes gezeigt hätte.
Aber wer will das beweisen? Wer hat schon die Geduld, die Hingabe und vor allem die Gelegenheit, solch ein Projekt zu beginnen? Vielleicht ja spätere Forscher, zu einer Zeit, in der sich diese Kinder längst bewährt haben? Michel Gauquelin lebt nicht mehr, Françoise arbeitet noch weiter. Wir stehen in reger Korrespondenz und ich bin immer wieder von dem Elan, mit dem sie ihre Arbeit vorantreibt.

Bisher sind nur kleine Details des Horoskops statistisch untersucht. Sie wissen aber inzwischen, daß die Gesamtheit des Horoskops wichtiger ist, als die einzelnen Teile. Dennoch ist es erfreulich, die alte Tradition zumindest in Teilen auch wissenschaftlich bestätigt zu sehen. Echte statistisch relevante Ausschläge wurden bei Mond, Venus, Mars, Jupiter und Saturn gefunden. Die einen betrafen eher die Berufe, die seit alters her den Planeten zugeschrieben werden, einige Planeten erreichten hohe Werte bei Charakterzügen, einige wieder erwiesen sich als besonders „vererblich". Hierin wurde die Astrologie also bestärkt.
Allerdings drifteten die astrologischen Meinungen und die statistischen Ergebnisse hinsichtlich der besonders wirksamen Positionen der Planeten stark auseinander.

Versuchen Sie selbst so viel wie möglich aus und bestimmen Sie anhand dessen, wobei Sie sich am besten fühlen. Es hat aber keinen Sinn die Vielzahl der astrologischen Literatur einfach nur zu konsumieren und sich die angenehmsten Thesen herauszupicken. Sie müssen damit arbeiten und so herausfinden, was für Sie gut ist.

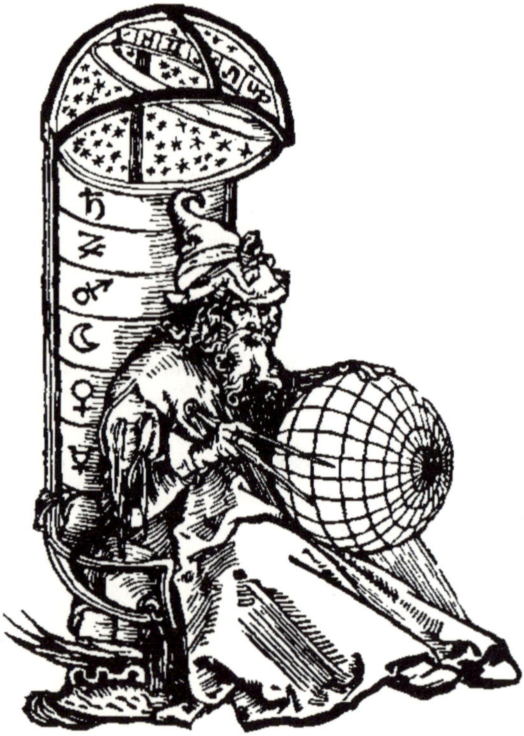

# 22. Ist ein Horoskop ein „Zauberspiegel"?

Kann man nun wirklich alles aus einem Horoskop lesen, so wie manche unter uns es so gerne glauben? Lassen Sie sich nicht durch alle möglichen kritischen Äußerungen verunsichern. Es existieren (schlimm genug) etliche unsichere Umstände, die wir berücksichtigen müssen, wenn wir ein Horoskop erstellen. Bei Zwillingspärchen etwa, stimmt das Horoskop für den einen Teil meist nicht oder weniger als bei dem anderen, vor allem wenn sie kurz hintereinander geboren wurden. In vielen Büchern werden die unterschiedlichsten Methoden beschrieben, die Verschiedenheiten doch noch zu erklären. Bis jetzt gibt es allerdings keine ausführliche bzw. verläßliche Untersuchung über dieses Phänomen. Wenn Sie das Horoskop von einem Zwillingsteil erstellen wollen, müssen Sie sehr gut darauf achten, ob das Horoskop zu dieser Person paßt. Wenn nicht, sollten Sie lieber die Finger davon lassen.

Äußere Umstände haben einen elementaren Einfluß auf die Entwicklungsmöglichkeiten.Wir könne sie aber nicht im Horoskop ablesen. Wir müssen uns also Kenntnisse darüber verschaffen, ob die in der Person vorhandenen Möglichkeiten überhaupt die Chance hatten, sich zu entfalten. Hier ist die Astrologie dann ein wirkungsvolles Mittel, die fragliche Person auf diejenigen Seiten hinzuweisen, die bei ihr noch brach liegen.
Katastrophen, Überschwemmungen, Hungersnöte sehen wir nicht in den Horoskopen derer, die darunter zu leiden hatten. Das Radixhoroskop arbeitet allein innerhalb des Rahmens vorgegebener Möglichkeiten. Das persönliche Horoskop arbeitet innerhalb der Möglichkeiten des Ganzen.
Was wir also aus einem Horoskop ablesen können, sind die Möglichkeiten, die jemand hat. Wir sollten erkunden, welchen Grad geistiger Reife die Person erreicht hat, für die das Horoskop bestimmt ist. Bei einer unreifen Person ist es eher sinnlos, auf ungenutzte Entwicklungsmöglichkeiten hinzuweisen, sie hat ja nicht einmal begonnen, sich zu entfalten.

Mit einer Prognose können wir bei einer unreifen oder einer sehr bequemen Person wenig ausrichten. Diese Menschen wollen am liebsten immer die „Zukunft" in schmackhaften Portionen serviert bekommen. Personen, die nicht oder noch nicht in der Lage sind, an sich selbst und ihrer Zukunft zu arbeiten, haben absolut keinen Gewinn von einer Prognose. Darum habe ich diese solchen Menschen gegenüber auch immer verweigert. Und ich rate Ihnen, dies auch zu tun. Sie beladen sich sonst unnötig mit einer schweren Belastung.

Bei einer Beziehungs-Analyse müssen immer zwei Horoskope miteinander verglichen werden. Zusätzlich müssen Sie aber auch die Hintergründe des jeweils einzelnen Partners beleuchten. Bei jedem wirkt sich das Horoskop immer auf der Basis des gerade erreichten Entwicklungsniveaus aus. Eine unreife und eine erwachsene Person können kaum eine reife Beziehung zueinander eingehen, wenn auch die Beziehungs-Analyse scheinbar positiv ausfällt.

Wenn wir all dies berücksichtigen, dann sehen wir, daß ein Horoskop kein Wundermittel ist, womit wir alles zum Vorschein zaubern können. Als Astrologe sollte man mit seinen Klienten umgehen, wie ein Arzt es mit seinen Patienten tut. Je mehr Sie über die Person wissen, desto deutlicher das Gesamtbild ist, desto besser können Sie Hinweise geben, wie der Klient seine geistige und körperliche Gesundheit, seine Beziehungen, seine Entwicklung auf den verschiedenen Lebensgebieten zu welcher Zeit am besten in die Hand nehmen kann.

Wenn wir den Spiegel, den die Astrologie uns vorhält, sinnvoll verwenden, können wir tatsächlich sehr viele wertvolle Wegweiser darin finden.

# 23. Übungen für das Selbststudium

## *Übungsaufgaben zu jedem Kapitel*

*Zu Kapitel 1:* Zeichnen Sie einen Kreis und setzen Sie die zwölf Tierkreiszeichen hinein. Lernen Sie die Symbolzeichen und machen Sie sich mit den lateinischen Bezeichnungen vertraut. Schreiben Sie einmal nur für sich selbst auf, was Sie persönlich von der Astrologie bzw. von der Beschäftigung mit der Astrologie erwarten.

*Zu Kapitel 2:* Beschäftigen Sie sich mit den Charakterzügen Ihres eigenen Sonnenzeichens. Kommt Ihnen da einiges bekannt vor?

*Zu Kapitel 3:* Notieren Sie sich die Symbole für die Planeten am besten auf eine Karteikarte. Schauen Sie nun, zu welchem Tierkreiszeichen jeweils welcher Planet paßt und finden Sie heraus, welcher Planet der Herrscher welchen Tierkreiszeichens ist.

*Zu Kapitel 4:* Betrachten Sie einen Globus und unterteilen Sie die Kugel einmal jeweils entlang der Linien, die von Pol zu Pol führen in 24 Segmente. Jedes dieser Segmente umfaßt 15° und bedeutet eine Stunde Zeitunterschied.

*Zu Kapitel 5:* Rechnen Sie die angegebenen Werte einmal selbst durch. Es geht nicht darum, möglichst viele Stellen hinter dem Komma zu berechnen. Sie sollen erkennen, daß die Planeten mit einer kurzen Umlaufbahn (wie der Mond) schneller durch den Tierkreis laufen (von der Erde aus gesehen), als die sogenannten langsamen Planeten mit eine langen Umlaufbahn (wie etwa der weit entfernte Pluto).

*Zu Kapitel 6:* Schauen Sie sich noch einmal Ihren Globus an und drehen Sie ihn. Der MC (Himmelsmitte) wird durch unseren Längengrad bestimmt. Dieser verschiebt sich infolge der Erdrotation regelmäßig um 1° alle 4 Minuten. Der Aszendent ist vom Horizont bzw. Breitengrad abhängig. Da die Erde schief auf ihrer Achse liegt, „schaukelt“ der Horizont ein bißchen hin und her. Darum verschiebt sich der Aszendent auch so unregelmäßig.

*Zu Kapitel 7:* Bestimmen Sie in Ihrem eigenen Horoskop, welche Planeten in Kreuzen und Elementen stehen. Erkennen Sie in Ihrer Konstellation eine Dominanz? Übern Sie auch mit Horoskopen von Bekannten.

*Zu Kapitel 8:* Wiederholen Sie alles noch einmal, vor allem das, was Ihnen noch nicht ganz klar ist!

*Zu Kapitel 9:* Suchen Sie in Ihrem eigenen Horoskop die Aspekte heraus. Welches sind harmonische, welches disharmonische Aspekte. Wählen Sie sich einen Ihrer Aspekte aus und überlegen Sie, wie dieser sich auf Basis Ihres Alters, Ihres sozio-kulturellen Hintergrundes usw. auswirken könnte. Machen Sie diese nützliche Übung ruhig häufiger.

*Zu Kapitel 10:* Werden Sie sich klar darüber, ob Sie die Mondknoten und/oder die Glückspunkte zur Beurteilung von Geburtshoroskopen heranziehen wollen oder nicht.

*Zu Kapitel 11:* Nehmen Sie zunächst einmal die Feuerzeichen unter die Lupe und schauen Sie danach, welche allgemeine Wirkungen die drei gemeinsam haben. Dasselbe tun Sie dann mit den Luft-, Wasser- und Erdzeichen. Beschäftigen Sie sich nun etwas eingehender mit den Planeten in den Tierkreiszeichen, etwa auf Basis Ihres eigenen Horoskops oder denen von Bekannten. Beachten Sie die Unterschiede zwischen Sonne (innerliches Sein) und Aszendent (äußerliches Auftreten). Zeigen sich da große Unterschiede? Wie wirken Sich die Unterschiede bei den betreffenden Personen aus? Prüfen Sie beispielsweise, ob Venus in den Teenagerjahren irgendwo besonders einflußreich war und warum. Für Waagen und Stiere ist Venus immer bedeutungsvoll. Warum?
Bedenken Sie, daß in einer Beziehungsanalyse bei Erwachsenen die Sonne eine wichtigere Rolle spielt als Venus. Was beinhalten diese beiden Himmelskörper? Was ist in einem bestimmten Lebensabschnitt das wichtigste? Spielen Sie auf diese Weise auch die anderen Planeten durch. Notieren Sie sich anfangs vielleicht das eine oder andere als Gedächtnisstütze. Lassen Sie sich aber nicht dazu verführen, Standardrezepte zu kreieren. Bedenken Sie immer, daß sich der Planet in Abhängigkeit von Alter und sonstigen Lebensumständen im Horoskop des betreffenden Menschn ganz speziell auswirken kann.

*Zu Kapitel 12:* Versuchen Sie, die Auswirkung eines bestimmten Aspektes zu beurteilen. Übernehmen Sie dabei nicht einfach, was in irgendeinem Buch dazu geschrieben steht. Diese Fakten können bestenfalls erste Andeutungen liefern. Für jeden Aspekt gibt es zahllose Auswertungsmöglichkeiten. Denken Sie selbst darüber nach und finden Sie die passenden Kombinationen.

*Zu Kapitel 13:* Prüfen Sie, welche Planeten bzw. welche Zeichen bei Ihnen auf dem Aszendenten bzw. auf der Himmelsmitte stehen. Wie steht der Aszendent zum Deszendenten? Suchen Sie vielleicht etwas, was Sie in Ihrem eigenen Aszendentenzeichen bei anderen vermissen? Finden Sie auf dem IC etwas, wodurch Ihre Verwirklichung in der Gesellschaft behindert oder erschwert wird? Bedenken Sie, daß längst nicht alles aus dem Horoskop abzulesen ist. Häufig fällt es auch schwer, das eigene Horoskop zu deuten, man hat nicht die nötige Distanz. Wenn es also mit Ihrem eigenen Horoskop nicht klappt, nehmen Sie das eines Bekannten.

*Zu Kapitel 14:* Lesen Sie das Kapitel noch einmal kritisch durch. Bestimmen Sie für sich selbst, ob Sie die Häuser im Geburtshoroskop verwenden wollen oder nicht. Bevor Sie sich entscheiden, probieren Sie bei Varianten einmal aus.

*Zu Kapitel 15:* Machen Sie jetzt ein Horoskop von dem Moment, wo Ihnen eine bestimmte Frage durch den Kopf geht oder von dem Moment, wo etwas Wichtiges geschehen ist. Schauen Sie einmal, wie Sie damit zurechtkommen. In jedem Fall ist dies eine gute Übung.

*Zu Kapitel 16:* Erstellen Sie aus Ihrem eigenen Horoskop oder dem eines Bekannten ein kurzes Exposé. Stellen Sie sich dabei z.B. Fragen wie folgende: Denkt die Person eher intuitiv oder faktisch? Introvertiert oder extrovertiert? Mag die Person lieber Dekoratives und Nippes oder bevorzugt sie praktische Gebrauchsartikel? Ehrlich, zu ehrlich oder laviert sie sich so durch? Ist die Person lieber allein oder braucht sie ein Gruppe, der sie zugehört? Sucht sie eher nach Ruhe oder liebt sie den Streß? Finden Sie beide Züge in jemandem, dann prüfen Sie, auf welchem Gebiet sich eher die eine Richtung und auf welchem Gebiet sich eher die andere Richtung durchsetzt. Z.B.: Sonne in Krebs will von Natur aus irgendwo dazugehören. Venus in Zwillingen dazu läßt sich nicht gern von Freundschaften oder Hobbys vereinnahmen. Beziehungen müssen lose sein. Die Person sollte sich dann ein Hobby suchen, das viel Abwechslung und Freiheiten bietet.

*Zu Kapitel 17:* Versuchen Sie die gefundenen einzelnen Eigenschaften in einem flüssigen Bericht zusammenzufassen.

*Zu Kapitel 18:* Beprechen Sie mit einigen Ihrer Bekannten die Auswertung ihrer Horoskope. Tasten Sie sich vorsichtig heran und vermeiden Sie unvorsichtige Äußerungen. Verletzen Sie niemanden! Wenn jemand sich in Ihren Auswertungen wiederfindet und sich zustimmend äußert, steigen Sie ruhig tiefer ein. Versuchen Sie eine feste Struktur für Ihren Gesprächsablauf zu entwickeln. Ich gab Ihnen ja ein Beispiel, wie man einen solchen Bericht aufbauen kann. Es liegt aber an Ihnen selbst, wie ausführlich oder knapp Sie auf ein Horoskop eingehen möchten. Sie müssen nicht Planet für Planet durchgehen, sondern können natürlich ebenso die Zusammenhänge anders gruppieren.

*Zu Kapitel 19:* Lassen Sie die Person, für die Sie das Horoskop erstellt haben, über sich erzählen. Was haben Sie nicht im Horoskop gefunden? Tauchen Dinge auf, die nicht zusammenpassen? Lernen Sie immer aus dem, was Sie gemacht oder falsch gemacht haben.

*Zu Kapitel 20:* Fragen Sie sich selbst oder Ihre „Versuchskaninchen" nach Geschehnissen, die so oder so immer wiederkehren. Lassen sich dafür schon Hinweise im Horoskop finden oder spielt der sozio-kulturelle Hintergrund eine größere Rolle? Verlief die Erziehung so, daß die günstigen Anlagen des Geburtshoroskops stimuliert werden konnten? Üben Sie Vorsicht und Milde in Ihrem Urteil hierüber!

*Zu Kapitel 21:* Wie können Sie die Astrologie in Ihr Leben integrieren, in Ihren Glauben, Ihre Weltanschauung?

*Zu Kapitel 22:* Fragen Sie andere, welche Erwartungen sie an Astrologie stellen und notieren Sie sich, was Sie dabei so alles zu hören bekommen. Daraus kann eine lehrreiche Liste entstehen.

## *Übungsaufgaben für das Rechnen in Grad/Minuten und Stunden/Minuten*

Diese Übungen sind für diejenigen bestimmt, die bei der Umrechnung noch Schwierigkeiten haben bzw. diejenigen, die ihre Rechenkenntnisse etwas auffrischen wollen.

**Aufgabe 1**
Addieren Sie 1 Stunde und 3 Minuten zu 12.50 Uhr.
*Lösung:*
Eine Stunde ist in 60 Minuten untergliedert. Wenn Sie das vor Augen haben, könne Sie schon ncihts mehr falsch machen. 1 Stunde 3 Minuten + 12 Stunden 50 Minuten = 13.53 Uhr.

***Aufgabe 2***
Zählen Sie zusammen: 12.57 + 1.02 (die angegebenen Werte sind Stunden und Minuten)
*Lösung:* 12 +1 = 13 Stunden / 57 + 2 = 59 Minuten. Das Ergebnis ist 13.59.

***Aufgabe 3***

Addieren Sie folgende Stunden und Minuten: 12.59 + 1.03

*Lösung:* Beim Zusammenzählen von Minuten, die die Zahl 60 überschreiten, müssen wir aufpassen. Wir zählen dann die Stunden und Minuten jeweils getrennt zusammen: 12.59 + 1.03 = 13.62.

62 Minuten sind 1 Stunde 2 Minuten oder, anders geschrieben 1.02. Das Ergebnis ist hier also 13 + 1.02 = 14.02.

***Aufgabe 4***

Es ist der 1. Januar, 23.55. Addieren Sie hierzu 2 Stunden und 6 Minuten (2.06).

*Lösung:* Die Rechnung ist ganz klar wie oben: 23.55 + 2.06 = 25.61. Oha, der Tag hat nur 24 Stunden, unser Ergebnis lautet aber 25.61. Also, ziehen Sie 24 Stunden ab und zählen dem Datum 1 Tag zu. Es bleiben demnach 2.01 für den Folgetag, den 2. Januar. Das korrekte Ergebnis lautet also: 2. Januar, 2.01 Uhr.

***Aufgabe 5***

Ziehen Sie von 23.05 Uhr 55 Minuten ab.

*Lösung:* Es wird einfacher zu rechen, wenn wir von den 23 Stunden eine „leihen" und in Minuten umwandeln. Aus 23 Stunden werden dann 22.60. Aus 23.05 wird demnach 22.65.

Davon ziehen wir die 55 Minuten ab: 22.65 – 0.55 = 22.10.

***Aufgabe 6***

Es ist der 2. Februar, 12.05 Uhr. Ziehen Sie hiervon 14 Stunden und 7 Minuten ab.

*Lösung:* Wir machen wieder einige Zwischenschritte, um uns das Rechnen zu erleichtern. 12.05 schreiben wir (wie in Aufgabe 5) als 11.65. Hier können wir noch keine 14.07 abziehen. Grund: wir landen bei einer Uhrzeit des Vortages. Also zählen wir 24 Stunden zu unserer Anfangszeit und setzen dafür das Datum des Vortages. Wir erhalten auf diese Weise: 11.65 am 2. Februar = 11.65 + 24 Stunden am 1. Februar = 35.65 am 1. Februar. Davon ziehen wir unsere 14.07 ab: 35.65 – 14.07 = 21.58 Uhr am 1. Februar.

***Aufgabe 7***

Gehen Sie von 2.20° Widder aus und zählen Sie 25.42° hinzu.

*Lösung:* 2.20 + 25.42 = 27.62. Beachten Sie, das jedes Grad in 60 Bogenminuten zergliedert ist. Also:

27.62° = 27 ° + 60 + Bogenminuten = 28° und 2 Bogenminuten. Das Ergebnis lautet: 20.02° Widder.

***Aufgabe 8***
Gehen Sie wieder von 2.20° Widder aus und addieren Sie hierzu 33.12°.
*Lösung:* 2.20 + 33.12 = 25.32°
Nach jeweils 30° beginnt im Tierkreis ein neues Zeichen. Nach 30° Widder kommt 1° Stier. Wenn das Ergebnis in ° die Zahl 30 übersteigt, ziehen wir einfach 30 ab und gehen ins nächst folgende Zeichen. 35.53° Widder wird als zu 5.52° Stier.

***Aufgabe 9:***
Gehen Sie von 20.59 Zwillinge aus und addieren hierzu 16.50.
*Lösung:* 20.59 + 16.50 = 36.109
Was hier das Ergebnis in Minuten angeht, so können wir hier die Minutenzahl auf Grad herunterbrechen, indem wir einfach 60 Minuten abziehen und die Grad-Zahl um 1 erhöhen. 109 Bogenminuten = 1° 49 Bogenminuten (1.49°). Wir landen also bei 37,49° Zwillinge. Nach jedem 30sten Grad kommen wie aber in ein neues Tierkreiszeichen, hier Krebs. Also lautet das korrekte Ergebnis: 7.49° Krebs.

*Es folgen jetzt noch weitere Aufgabe zum Selbstrechnen. Die Lösungen stehen ganz am Ende der Reihe.*

***Aufgabe 10***
Zählen Sie ausgehend von 20.13° Zwillinge 3 komplette Zeichen und 2.12° weiter.

***Aufgabe 11***
Ziehen Sie von 22.16° Krebs 33.20° ab.

***Aufgabe 12***
Addieren Sie zu 1. März, 12.40 Uhr 15 Stunden 20 Minuten.

***Aufgabe 13***
3. April, 02.02 Uhr. Ziehen Sie hiervon 12 Stunden und 30 Minuten ab.

***Aufgabe 14***
3. Mai, 12.02 Uhr. Zählen Sie hier 12 Stunden hinzu.

***Aufgabe 15***
Gehen Sie von 16.20° Skorpion aus. Hiervon müssen wir 22.30° abziehen. In welchem Zeichen und auf welchem Grad kommen wir dann an?

## *Liste der verwendeten Symbole und Abkürzungen*

*Die Tierkreiszeichen*

| | | |
|---|---|---|
| ♈ | Widder | Aries |
| ♉ | Stier | Taurus |
| ♊ | Zwillinge | Gemini |
| ♋ | Krebs | Cancer |
| ♌ | Löwe | Leo |
| ♍ | Jungfrau | Virgo |
| ♎ | Waage | Libra |
| ♏ | Skorpion | Scorpio |
| ♐ | Schütze | Sagittarius |
| ♑ | Steinbock | Capricornus |
| ♒ | Wassermann | Aquarius |
| ♓ | Fische | Pisces |

*Die Himmelskörper*

| | | | |
|---|---|---|---|
| ☉ | Sonne | ☽ | Mond |
| ☿ | Merkur | ♀ | Venus |
| ♂ | Mars | ♃ | Jupiter |
| ♄ | Saturn | ♅ | Uranus |
| ♆ | Neptun | ♇ | Pluto |

*Die Gefühlspunkte*

| | |
|---|---|
| ☊ | Mondknoten |
| ⊕ | Glückspunkt oder Pars Fortunae |

*Die Aspekte*

| | | | |
|---|---|---|---|
| ☌ | Konjunktion | ☍ | Opposition |
| □ | Quadrat | △ | Trigon |
| ⚹ | Sextil | | |

**Lösungen**

Aufgabe 10: 22.25∞ Virgo
Aufgabe 11: 18.56∞ Gemini
Aufgabe 12: 2. März, 4 Uhr
Aufgabe 13: 2. April, 13.32 Uhr
Aufgabe 14: 4. Mai, 0.02 Uhr
Aufgabe 15: 23.50 Libra

## Ein Neuer Stern am Horizont:
## Iris Bücher & mehr - Das astrologische Fachprogramm!

Karen Hamaker-Zondag
**Stundenastrologie**
*br., 224 Seiten*
*14 x 21,5 cm*
*ISBN 90-76274-22-3*
*DM 29,80 / sFr 27,50 / öS 218,-*

Karen Hamaker-Zondag
**Das 12. Haus**
*Die Verborgene Kraft in Unserem Horoskop*
*Gebunden, 188 Seiten*
*14,5 x 21,5 cm*
*ISBN 90-76274-36-3*
*DM 32,00 / sFr 29,50 / ÖS 234,-*

Karen Hamaker-Zondag
**Elemente und Kreuze**
*Die Typenlehre C.G. Jungs in der Astrologie*
*br., 178 Seiten*
*14 x 20,5 cm*
*ISBN 90-76274-85-1*
*DM 29,80 / sFr 27,50 / ÖS 218,-*

Karen Hamaker-Zondag
**Deutung der Planeten**
*Wesen und Wirken der Planetarischen Kräfte in Elementen, Zeichen und Kreuzen*
*Gebunden, 229 Seiten*
*14,5 x 21,5 cm*
*ISBN 90-76274-95-9*
*DM 32,00 / sFr 29,50 / ÖS 234,-*

Karen Hamaker-Zondag
**Deutung der Häuser**
*Die Planeten in den Zwölf Astrologischen häusern*
*Gebunden, 184 Seiten*
*14,5 x 21,5 cm*
*ISBN 90-76274-06-1*
*DM 32,00 / sFr 29,50 / ÖS 234,-*

Karen Hamaker-Zondag
**Deutung von Aspekten und Aspektfiguren**
*Gebunden, 343 Seiten*
*14,5 x 21,5 cm*
*ISBN 90-76274-16-9*
*DM 39,80 / sFr 37,00 / ÖS 291,-*

Karen Hamaker-Zondag
**Häuserherrscher und Häuserbeziehungen**
*Gebunden, 344 Seiten*
*14,5 x 21,5 cm*
*ISBN 90-76274-26-6*
*DM 39,80 / sFr 37,00 / ÖS 291,-*

Isabel M. Hickey
**Astrologie - Eine Kosmische wissenschaft**
*Die Praxis der Spirituellen Horoskopdeutung*
*Gebunden, 411 Seiten*
*17 x 24,5 cm*
*ISBN 90-76274-46-0*
*DM 48,00 / sFr 44,50 / ÖS 350,-*

Janis Huntley
**Fehlende Komponenten im Horoskop**
*Die Deutung von unaspektierten Planeten, fehlenden elementen sowie unbesetzten zeichen und häusern*
*br., 188 Seiten*
*14,5 x 21,5 cm*
*ISBN 90-76274-56-8*
*DM 29,80 / sFr 27,50 / ÖS 218,-*